『学び合い』で「気になる子」のいるクラスがうまくいく!

西川 純・間波愛子 [編著]

学陽書房

はじめに

　特別支援の必要な子どもに悩んでいる先生、対応に疲れてしまった先生。よくぞこの本を手にとってくださいました。
　あなたこそ、私の同志です。
　この本は、特別支援の必要な子どもへの対応がラクになり、しかもクラス全員が生き生きと関わり合うようになる、子どもが自ら学び合うクラスづくりのための方法をまとめた本です。

　「そんなにいい方法が本当にあるの？　信じられない！」と思う先生もいらっしゃるでしょう。実は私もそうでした。
　特別支援の必要な子どもへの対応に追われて、教師を辞めたいと思うほどに追い詰められた経験が私にもあります。
　奇声を上げて走り回る子どものために授業が進まない。クラスには、板書を写せない子、暴言を吐く子、家庭の事情により問題を抱えた子もいる。それぞれの子どもへの対応で本当に手いっぱいの日々…。そのうち自分は教師に向いていない、辞めたいとさえ思うようになりました。
　そんな中で出会ったのが、『学び合い』でした。
　『学び合い』は、子ども同士が授業中に関わり合い、わからないことを聞き合い、互いに学び合う授業です。教師はクラス全員が課題を達成できるよう、子ども同士が助け合うことをサポートします。

　『学び合い』を始めてから、私はいろいろなシーンに初めて出会いました。何のやる気も見せなかった特別支援の必要な子が、ほかの子に初めてうれしそうに関わって鍵盤ハーモニカを教えた時の様子。教師が教えても聞こうとしなかった子が、ほかの子から素直に引き算を教えてもらって理解した瞬間…いずれも忘れられません。

『学び合い』を始めるのは、実はカンタンです。
この本にはその始め方が書いてあります。

今、「特別支援」は「個別支援」が基本だとされています。
でも、「個別支援」をがんばろうとすると疲れませんか？
特別支援を必要とする子どもは、今や普通学級に一人や二人ではありません。その子全員に「個別指導」できるかというと…支援員の方がいたとしても、十分には対応しきれないというのが実情でしょう。
自分の経験から考えた時、「個別支援」としての「特別支援」をちゃんとやろうとしたら、教師はつぶれてしまうのではないかと私は思っています。今、教師は膨大な超過勤務時間の中で、対応困難な事例に、自分が壊れそうになりながらも立ち向かって仕事を続けています。「自分はちゃんと「個別支援」をやれていない」という先生がいたとしたら、そのほうが普通だと思います。とりわけ、若い先生は自分が悪いと責めがちですが、絶対にその先生のせいではないのです。

「先生による個別支援」から「クラス全員がお互いに困難なところを支援し合う」という状態をつくることが必要なのです。
クラスがそう変わった時、初めて、教師も子どもたちも全員安心して、生き生きとできるクラスが生まれます。
それを可能にするのが『学び合い』です。

本書は、すぐに取り組める『学び合い』の始め方を紹介しています。ぜひ、ためしに目を通していただけたらと思います。
そして、『学び合い』を実際に実践してみてください！　その結果、もっともっと生き生きと教師人生を送ることができる先生が増えることを、心から願っています。

間波愛子

「気になる子」について
こんなことで
困ってませんか?

1. クラスに「気になる子」が数人いて、クラスをかきまわす!

2. クラスの中に特別支援の必要な子がいて、個別指導しているが全然うまくいかない…。

3. クラスの中の何人もの子が授業についてこれない。いい指導法がないか探している。

4. 特別支援学級で担任をしているが、子どもの将来を考えると、いまの指導法でいいのか悩む。

『学び合い』なら「気になる子」がこんなに変わります!

① 『学び合い』で子ども同士の交流が増えたら、クラスの子どもの問題行動が消えた!

② 特別支援の必要な子をクラス全員が関わり合って支えてくれる!

③ 子ども同士が教え合ってくれて、「気になる子」も含め、クラスの最低点が80点を突破した!

④ 『学び合い』を始めてから、毎日、子ども同士のやりとりで感動的なシーンを発見。仕事が楽しい!!

『学び合い』の授業は、一斉授業とこんなふうに

一斉授業では…

◎先生が子どもに教える。

◎子どもは静かに座っていることが推奨されている。

◎先生のペースで授業が進む。

◎子どもは黙っている時間が多い。

◎わからない子がいても授業はどんどん進んでしまう。

違います。

『学び合い』では…

◎先生は課題を与え、子どもは子ども同士で教え合い、学び合う。
◎子どもはお互いに教え合うために、立ち歩くことが推奨されている。
◎子どもはそれぞれのペースで授業内容を学んでいける。
◎子どもがコミュニケーションしあう時間が多い。
◎わからない子は、わかるまで友だちに聞きに行くことができる。

➡ 『学び合い』の具体的な授業の流れへGO

『学び合い』の授業の流れを見てみよう!

「『学び合い』って何? どんな授業なの?」というあなたへ、
イラストで『学び合い』の基本的な授業の流れをご紹介しましょう!

1 課題を提示する

チャイムが鳴り、教師が教室に入ります。教師はその授業の課題を子どもたちに告げます。算数・数学の授業なら「教科書○ページから○ページの問題を全員が解けるようにする」というように課題を黒板に書きます。そして、教師が「さあどうぞ」という声がけをすると、子どもたちは自由にグループをつくります。

2 グループができる

早くグループを
つくろう〜

最初は1〜8人のさまざまな大きさのグループが生まれ、学び合いが始まりますが、しばらくすると4、5人のグループが基本形になります。人数が少ないとすぐに相談できないし、人数が多すぎても結局効率が悪いことに子どもたちが自然に気づきます。

3 グループを越えた動きが生まれる!

　10分程度でグループを越えた交流が起こり、ダイナミックな動きが生まれます。あまり最初は動きのなかったクラスの中の「気になる子」にも、声をかけて教えようとする子が出てきます。教師が何度言っても「わからない」と言っていた子が、友だちのたった一言ですぐに理解したり、いつもの授業よりもずっと真剣に課題に取り組む様子が見られたりします。

4 教師は「つぶやき」でほめたり、つなげたりするのが仕事

　『学び合い』の時は、教師は教科内容を教えませんが、机間巡視をしながら、子どもたちの様子を見守り、時にほめたり、全体に声がけするのが仕事です。終盤になると、大多数の子が課題を達成し、「気になる子」を助けようとたくさん集まってきます。
　教師が「気になる子」から離れて見守っていると、子どもたちはどんどん「気になる子」に関わろうとします。

5 全員の達成を確認する

　授業終了5分前に子どもたちは席に戻ります。そこで、全員が達成したかを確認します。ミニテストを利用したり、名前プレートを使ったり、さまざまな確認の仕方があります。
　さらに、「「教えて」と言ったり、「誰かわからない人はいませんか？」と言ったりして、全員が課題達成できるように全力を尽くせましたか？　できた人は手を挙げてください」と確認します。
　子ども自身もこの確認によって、自分だけでなく、全員が課題達成することの大事さがわかり、次の行動が変わっていきます。

　このような授業が毎日、毎日、続くと、「気になる子」だけでなく、クラス全体の成績が上がり、人間関係が向上します。『学び合い』の授業は、子ども集団の持っているすばらしい力を最大限に生かす授業なのです。
　本書では、「気になる子」のいるクラスで、どうやったら『学び合い』を始められるのか知りたい人のために、その方法をすべて紹介しています！

『学び合い』で「気になる子」のいるクラスがうまくいく！
もくじ

はじめに —— 2

第1章 「気になる子」のいるクラスが『学び合い』で変わった！

間波愛子 —— 17

特別支援を学ぶ中で『学び合い』と出会って —— 18
打つ手がなくなって『学び合い』にたどり着く —— 20
『学び合い』でAさんが変わった！ —— 22
音楽だけでなく、算数もうまくいった！ —— 24
トラブルメーカーのBくんを担任して —— 26
自閉スペクトラム症の子も『学び合い』なら大丈夫！① —— 28
自閉スペクトラム症の子も『学び合い』なら大丈夫！② —— 30
自閉症のCくんが、人前で発表できた！ —— 32
『学び合い』だからクラスが変わった！ —— 34
支援が必要な子たちは『学び合い』が大好き！ —— 36
大人になった時に本当に必要な力とは —— 38

『学び合い』の実践報告①
　子どもとその保護者たちからの『学び合い』の感想 —— 40

コラム 6.5%の意味 —— 44

第2章 やってみよう！「気になる子」と一緒の『学び合い』

西川 純・間波愛子 —— 45

子ども同士で遊べる子なら、『学び合い』ができる —— 46
『学び合い』は簡単に始められる —— 48
『学び合い』を始めよう！ まずは「その子」を忘れましょう —— 50
『学び合い』の基本形 —— 52
いつ、何をすればいいの？① —— 54
いつ、何をすればいいの？② —— 56
課題をつくるのも実はカンタンです —— 58
最初にこんなことを語ってください —— 60
子ども同士がつながるコツ —— 62
「教えて」と言えるクラスをつくる —— 64
わかったふりをしている子をなくすコツ —— 66
孤立している子をなくすコツ —— 68
イベント的な『学び合い』でもこんなに変わる！ —— 70
週1回の『学び合い』を1カ月やったら？ —— 72
とりあえず3カ月続けてみると？ —— 74
1年経つと、見える風景はすっかり変わります！ —— 76

『学び合い』の実践報告②
　気になっていたあの子が、仲間の真ん中に！ —— 78

　　コラム　変わるのは誰 —— 80

第3章 なぜ『学び合い』が特別支援に有効か？

西川 純 —— 81

特別支援の子だけが特別なの？ —— 82
子ども同士で学習支援したほうがわかる —— 84
子ども同士で注意しあうほうがわかる —— 86
変える相手は「その子」ではありません —— 88
子どもの将来を保証するのは子ども集団 —— 90
今、起こっている怖いこと —— 92

『学び合い』の実践報告③
　『学び合い』と生徒たちの成長 —— 94
　　　コラム　熱き心と冷静な頭 —— 96

第4章 こんな問題が出てきたら？

西川 純 —— 97

どうしても無理な子 —— 98
先手、先手を打ちましょう —— 100
問題児の行動を予測できる集団を育てる —— 102
「その子」を注意したい時には —— 104
アスペルガー傾向の子どもの対策 —— 106
その子だけができない —— 108
子どもがヘトヘトになったら —— 110
同僚や保護者への伝え方 —— 112
教師や支援員のやること　子どものやること —— 114

『学び合い』の実践報告④
　Ｓさんを助けた６年生の仲間たち —— 118
　　　コラム　今より必ず「まし」になる —— 120

第5章 特別支援学級での『学び合い』

西川 純・間波愛子 —— 121

特別支援学級だけの『学び合い』—— 122
支援学級の中で関係ができてきた！—— 124
通常学級との合同『学び合い』をやってみた！—— 126
特別支援学級の子どもを育てていくために —— 128
合同『学び合い』の可能性 —— 132
制度上の注意 —— 136
職員室の中でのふるまい方 —— 138
保護者にも伝えたい子どもの素敵な関わり —— 140

『学び合い』の実践報告⑤
　特別支援学級合同『学び合い』における人間関係の変容 —— 142

　コラム　夢 —— 144

あとがき —— 145

＊本書の中では、アスペルガーなどの言葉を使用しています。最近の診断基準の表記としては正しくありませんが、一般的にわかりやすい表記を使用しています。ほかの障害名も同様です。

『学び合い』は、一人も見捨てられない教育・社会を
実現するために生まれました。
『学び合い』の考え方はとてもシンプルです。

●

第一に、「学校は、ほかの人と折り合いをつけたり、
助け合って課題を達成したりすることを通して、
他者との社会的な関わり方を学ぶ場である」という「学校観」。
第二に、「子どもたちは有能である」という「子ども観」。
この２つの考え方から、
「教師は、目標の設定、評価、環境の整備を行い、
学ぶことは子どもたち自身に任せるほうが、
子どもが主体的に学ぶことができ、子ども同士の関係も育つ」
という「授業観」が導かれます。

『学び合い』のさまざまな教材や指導法は、
以上の単純な考え方だけで導かれます。

●

この３つの考え方に基づき、『学び合い』を進めていくと、
子どもたち同士がすばらしい力を発揮して、
すごいクラスを生み出します。
「気になる子」が気にならなくなり、
むしろ、その子のすばらしい面があらわれてきます。
すべての子のよいところや強みがはっきりと目に見える、
生き生きしたクラスが誕生します。

第1章

「気になる子」のいるクラスが『学び合い』で変わった!

間波愛子

特別支援を学ぶ中で『学び合い』と出会って

❶ 担任として思い悩んでいた日々

　教師になって20年以上。それなのに、新採時の1年目と同じような気持ちで思い悩む日々を送っていました。

　担任していたクラスには、問題行動を毎日起こす、特別支援の必要な子どもたちが何人もいました。

　登校してから机の上に突っ伏して寝ている子ども、給食費のお金を盗る子ども、カーテンの影が安全地帯の子ども、表情がない子ども、暴言暴力を友だちに平気でする子ども、被害妄想がひどい子ども、小学2年生なのに家出を繰り返す子ども…。なんとかその子たちのケアをしながら、クラスをまとめる日々でした。

　その時は、それなりにその子どもたちに関わっていたと思います。でも、その子たちの行動が改善されたり、成績が向上したりすることはなかなかありませんでした。

　最初は「しかたない」と思っていました。でも、「子どもたちに授業がわかるようにしてやりたい」「学ぶ喜びを感じさせたい」「あの子の笑顔が見たい」そんな気持ちがどんどん強くなっていきました。

　そしてそのためにはまず、「自分が変わらないといけない」ことに気づき、私は特別支援を学ぶことを決意しました。

❷ 特別支援を学ぶ中で『学び合い』に出会う

　そこからは、発達障害関連の研修会や心理学関係のセミナーにどんどん参加するようになりました。そして、個別支援のさまざまな方法を学び、がんばって実践していました。
　そんな折に偶然『学び合い』に出会いました。友人が上越教育大学の集会に誘ってくれたのです。『学び合い』という言葉も初耳でした。
　『学び合い』という言葉の響きから、初めは、グループ学習の延長で、発達障害の子どもや困難さを持った子どもが、教師やほかの子どもたちに支援を受けながら、なごやかに授業をしているような風景を想像していました。
　ところが、実際の『学び合い』は、まったく予想外のものでした。
　ビデオで見せてもらったその『学び合い』の授業では、教師は授業を教えず、子どもへの個別対応もまったくしません。子どもに課題を伝えるだけで、「はい、どうぞ」の合図とともに、子どもが立ち歩き、気ままに話し合っているようにしか見えませんでした。
　雑然とした教室で、子ども同士だけで話し合う風景のビデオが延々と続きます。
　見ているうちに、だんだん怒りに似た感情がわいてきました。
　私は頭がおかしくなりそうでした。一体、こんなことが許されるの？！　という思いでいっぱいでした。だって、教師が授業で教えていないのです。前代未聞です。今まで自分がやってきた教師の仕事が完全に否定された気持ちがしました。
　そこで、あの西川先生が言っていることは特別支援を知らないからだと勝手に位置づけ、自分の中で無視することにしました。

打つ手がなくなって『学び合い』にたどり着く

 クラスに問題が起こった！

　それでも、東京から戻り、通常の授業をしていた私は、ときどき上越教育大学の集会での出来事や友人から聞いた『学び合い』の効果の話を思い出すようになっていました。
　にもかかわらず、「特別支援は、「個別支援」以上の方法はない」という思い込みから『学び合い』を否定していました。

　その頃、担任しているクラスで問題が起こっていました。
　クラスには、幼児期の交通事故で車椅子の生活になってしまったAさんがいました。脳損傷の後遺症による麻痺があり、つきっきりの支援が必要でした。
　入学時の情報では、支援員が全時間付き添うので、学校側が困るようなことは何もないということでしたし、経済的にも家庭的にも恵まれた子どもでした。
　ですから、学校生活にも問題は何１つありません。
　「ない」はずでした。
　しかし、授業ではそうではありませんでした。
　Aさんはいつもうつろな目をして、チャイムがなっても教室に入りませんでした。うながすと、にこりともしないで席に着きます。
　忘れ物がないように家の人がすべて準備万端怠りなく用意し、さら

にそれを支援員が毎時間、机にセットしてくれます。これ以上ないほど手厚くケアされているのに、学習意欲がまったく見られなかったのです。

❷ 教師も支援員もお手上げになって

　特別支援の支援員が１日中一緒にいて、個別に支援する方法で授業をすすめていても、Ａさんの意欲のなさは改善できませんでした。一体なぜなのだろうと不思議でしょうがありませんでした。

　何の不自由もない状態は、Ａさんにとっては学習に意欲が持てる条件ではなかったのです。やる気を起こさせるはずの特別支援の方法は、まったく役立ちませんでした。授業開始時間にも遅れるようになり、ますます学習意欲がなくなり、指示も通りにくくなるなど、状況はよくない方向に向かっていました。
　手厚く支援をすればするほど、Ａさんの意欲はどんどん失われていきました。そして、意欲を高める手だても尽きて、お手上げ状態になってしまったのです。

　今ではわかります。大人による手厚い支援こそが、Ａさんの意欲を奪っていたのです。

　でも、当時の私にはそんなことはわかりませんでした。
　あらゆる手を尽くした私も支援員の方も頭を抱え、お互いに何も思いつかないので、本当にしょうがなく、あの『学び合い』をやってみることにしたのです。

『学び合い』で
Aさんが変わった！

 『学び合い』でAさんが自分から動いた！

　夏休み明けの教室、音楽の授業で『学び合い』を始めてみました。
　『学び合い』は、その授業の時間の課題を最初に伝えて、それを「全員達成する」ことを求める授業です。
　課題達成のためには、立ち歩いてもいいし、図書室に資料を探しに行ってもいい。すべて子どもに任せます（教師がやってほしくないことがあれば、それは事前に禁止することを伝えておきます）。

　その日は、「鍵盤ハーモニカで『どんぐりさんのおうち』という曲を全員が弾けるようになる」というのが課題でした。
　『学び合い』の授業の効果は、すぐに現れました。
　いつもまったく授業に興味を示さず、一切動くことなどなかったAさんが、自由が利く左手で車椅子を動かしながら、鍵盤ハーモニカを弾けない友だちに弾き方を教えに行ったのです。
　担任になって初めて見た積極的な行動でした。

　Aさんは右手に事故の後遺症がありましたが、自宅で左手を中心にピアノを習っていたのです。そして、うまく弾けない友だちに最高の笑顔で優しく教えていました。
　Aさんにとって、いつも、何かをしてもらうことが当たり前で、

「ありがとう」の言葉を言い続けてきた今までの人生の中で、「ありがとう」と言われることがあるという驚きと喜びは、計り知れないものがあったのだろうと思います。

　Aさんが初めて自分から動き出し、自分の思いに突き動かされるようにくるくる教室の中を動きまわる様子に、そしてほかの子に関わっていく姿に、私はあっけにとられました。

　Aさんは本当は自分から動くこともできるし、学習に意欲も持てるみんなと同じような子どもだったのだと、初めてその日、気づいたのです。

❷ 子どもたちのこの姿が見たかった！

　私は子どもたちのこんな姿が見たかったのだ、と思いました。
　Aさんが今まで見せてきた姿は、周囲に合わせていた姿だったのでしょう。そして、Aさんだけでなく、ほかの子どもたちの生き生きと学ぶ様子も新鮮でした。
　一人も困っていないし、一人も遊んでいない、一人もさびしそうじゃない、ちゃんと課題ができるように関わり合っている光景に茫然とし、もう今までのような授業はしたくないと思いました。
　『学び合い』のすばらしさが完全に腑に落ちた瞬間でした。

　自ら主体的に学ぶ姿がどれだけすばらしいか、Aさんや、子どもたちを見ていれば、それが自然に伝わってきました。
　目の前の光景から、『学び合い』なら「完全な特別支援」も超えることが可能なのだと悟りました。
　その後も、音楽の『学び合い』の授業の度に、このような姿をいつも見ることができました。

音楽だけでなく、算数もうまくいった！

 Aさんのきらいな算数でもうまくいった！

　音楽の次は算数の授業で『学び合い』をしました。
　Aさんは5までの数の合成分解ができていなかったし、算数が嫌いだったので、音楽のようにはうまくいかないだろうと思っていました。
　今まで算数の授業は、私の一斉授業の説明を、支援員の方がもう一度Aさんに伝える形で問題について理解させ、それから問題に取り組ませていました。そうしないと時間内にはまったく終わることができなかったからです。
　でも、うまくいかないだろうという予想は杞憂に終わりました。
　今までの算数の時間とは、まったく違っていたのです！

　その日の課題は「「繰り上がりのある足し算」を、全員がわかるようになる」というものでした。
　子どもたちは誰に指示されるのでもなく、Aさんのわからないところから教え始めました。ブロックや手などを使って、常時2人がAさんのまわりにいる状態で、入れ替わり立ち替わり45分間の授業中ずっと、子どもたちが関わって教えている姿が見られました。

　正直言って、学級の子どもたちの姿に私はびっくりしていました。

え、この子がこんなにお世話好きだったの？
　あら、この子って、教え方がうまいのね。
　まあ、この子すごく粘り強いのねえ。
　あの、やんちゃな子が優しい顔してる。
　なるほど、教科書の前のページから教えてる。
　あの子、私の言うことはすぐにスルーするけど、友だちにはしないのね、なんで？
　まあいいか、お任せ、お任せ。
　教えたいけど、我慢、我慢。

　知らず知らずのうちに子どもたちをほめる言葉を、授業中ずっと発している自分に後で気がつきました。チャイムが鳴ると、私も子どもたちもお互いすっきりいい気分です。ほとんど注意することがないからです。

　その当時、私の『学び合い』は、１時間単位で行っていましたし、子どもが学び合う時間は45分中25分もなかったと思います。
　でも、その車椅子の子どもに関わっている子どもたちは、まとめの時間もＡさんのそばから離れず「このまま、教えてもいいですか？」と言いに来ていました。Ａさんは、私や支援員が教えている時は授業に気乗りしない態度で早々に飽きている様子だったのに、子ども同士で関わるとそうした態度は見られませんでした。
　その落差は、音楽と同様にまったく予想外のことでした。

トラブルメーカーの Bくんを担任して

 1 教室を飛び出すBくんを、子どもたちが連れてきてくれる

　『学び合い』がうまくいくことがわかった私は、年度ごとにだんだんと『学び合い』で行う授業の科目を増やしていきました。

　ある年、親から虐待を受けて里子になっていたBくんを担任しました。Bくんは、友だち同士で相手をケガさせるようなトラブルが頻繁にあり、しょっちゅう教室も飛び出してしまう子でした。

　Bくんは、3分だけなら授業も聞けます。でも、それ以上はもちません。45分の一斉授業を座って聞くのは無理でした。しかし、『学び合い』ならば、授業の課題を最初の3分で伝えるので、Bくんにもついていけるのです。

　『学び合い』では、課題を達成するために、子どもたちは立ち歩き、近くの子や仲のよい子と話をし始めます。

　Bくんも最初は誰かとグループになって活動を始めます。ただすぐ折り合いがつかなくなってケンカをしてしまうのです。でも、「ああ、もういいじゃない。こっちにおいで」と言ってくれるほかのグループがあって、そちらに移ることができるのが『学び合い』のいいところでした。

　それでもまたケンカを繰り返し、教室を飛び出してしまうこともあります。

しかし、そんな時も誰かが気づいて「先生、今、Bくんが出て行っちゃいましたけど」と言ってくれるのです。『学び合い』ではすべて子どもに任せるほうがよいため、「呼びに行って、一緒に学び合いやってくれる？」と子どもに頼むと、「はーい」と呼びに行ってくれます。
　しかも、状況に応じて、その時誰が行くのが一番いいのかを考えて「あ、〇〇ちゃん行ってよ」と、子ども同士で声をかけあっているのです。**Bくんが泣きそうな時は、優しい女の子が複数で行くのがいいだろうなど、暗黙のうちに互いに考えているのです。**さらに、Bくんがどこに行っているのかわかっていて、ちゃんと連れてくるのです。

❷ 教師も子どもにはかなわない

　そして、連れ戻されたBくんもニコニコしています。自分のために女の子が三人も来てくれたと喜んでいるのです。戻って来たBくんにみんなも手を振ったりして、それもまんざらではなさそうです。私もあれこれ言わず、「じゃあ、ここから続きをやろうね」と言うと、Bくんはまたするっと授業に戻れるのです。
　これにはもう、子どもたちには本当にかなわないなと思いました。
　私だけが関わって「作文、ここ、うまく書けてるね、続けて書いたら」と言っても、気分が乗らない時のBくんは絶対にやりません。「したくねえよ。俺、いらついてんだよ」という感じです。でも、同じような言葉を子どもたちがかけると、「じゃあしかたない、やるか」となるのです。
　教師一人では絶対にできないことも、子どもたちは互いの相性を見ながら、実にうまくやりこなしていました。
　この年の最後に、みんなで『学び合い』のよかったことを次の学年に伝えようと、一人ひとりに話してもらってビデオに撮ったのですが、その時に、Bくんは真ん中に立って、友だちにしてもらったことや自分ができたことを、とうとうとしゃべってくれたのです。

自閉スペクトラム症の子も『学び合い』なら大丈夫！①

 自閉症の子どもが複数いるクラスを担任して

　次の年に担任した６年生40人学級には、自閉スペクトラム症の子どもが複数いました。そのうちの一人は知的障害を伴う自閉症でした。保護者がどうしても通常学級に通わせたいという思いが強く、通常学級で学ぶことになったのです。

　自閉症のＣくんは男の子で、朝、ランドセルを机に置いたまま正午を迎えるほど自分から行動できない子でした。もう一人は女の子で、Ｃくんほどではないけれど自閉傾向が強いＤちゃん。この子はいろんな過敏さがあり、フードを頭からかぶり授業中はよく寝ていました。

　最初、算数の『学び合い』をした時、初めはこの二人をどうしたらいいのか、私には全然わかりませんでした。「教科書を出して」と言っても、Ｃくんは教科書という言葉自体が認知できないのです。「それは何だ？」みたいな顔をしているわけです。

　それで、毎日、「これが教科書だよ。算数の時間だからこれを出してね」と言って、私が取り出すというやりとりをしてました。すると、毎回Ｃくんは、「あ、それが教科書なんだね」みたいな顔をするわけです。彼にとっては、そういうやりとりが必要だったのです。

　そんなある日、ＤちゃんがＣくんのまわりをうろうろしていたので、「Ｄちゃん、Ｃくんの教科書開けてあげて」と言ったら、「わかった」と言ってＤちゃんがＣくんに関わってくれたのです。

❷ Dちゃんのおかげで、Cくんの意思がわかる！

　しばらくしたら、Dちゃんがやってきて「先生」というので「何？」と聞くと、「Cくんはね、教科書にね、書くのがイヤって言うんだよ」というのです。「うん、そうだろうね」と答えると、
　「だからね、先生、Cくんは教科書に書くのがイヤなんだよ」
　「そうだよね」
　「だから、先生、これ、コピーしてってば」
　とDちゃんに言われて、私はびっくりしました。
　「コピーしたら、書くの？」
　「だから、教科書に書くのがイヤなんだってば」
　それでようやく私も、ああ、教科書でなければ書くのかと初めて理解して、職員室で拡大コピーしてきて、Dちゃんに渡しました。
　Dちゃんは「ありがとう」と言ってCくんのところに持って行き、「はい、鉛筆出して」とCくんに言うと、Cくんが鉛筆をごそごそ出すのです。そして、ああだこうだ言いつつ、その枠を埋めていました。
　授業が終わる頃に、Dちゃんが「先生できた」と持ってきました。「本当にできたの？？」「やったよ。丸つけといたからね」と素っ気なく言うので、「ありがとう！ Dちゃん、助かる！」と言うと「そう？ 私またやってもいいよ」と言ってくれて、本当にDちゃん、すごい！ って思いました。
　それまで、Cくんがなぜ教科書を見ても何もしないのか、全然わからなかったのです。もちろん、Cくんが言わないからわからないのです。でも、Dちゃんはどうやってかわかりませんが、Cくんの気持ちを理解したのです。
　Dちゃんは、だんだんCくんへの関わり方が上手になっていきました。それを周りで見ていた子も、Cくんへの関わり方がわかっていきました。ある意味、Dちゃんが突破口になってくれたのです。

自閉スペクトラム症の子も『学び合い』なら大丈夫！②

 1 Eくんのことも解説してくれたDちゃん

　このクラスはほかにも自閉スペクトラム症傾向の子どもがいたので、その子どもたちへの対応も課題でした。でも、これについてもDちゃんが大活躍してくれました。

　たとえば、自閉傾向が強くて読み書き障害のEくんという子がいました。この子は、集団で活動する場面になると、教室の窓のカーテンの中に入ってしまうのです。
　ある時、新しいALTの女性が来た時にも、一目散にカーテンの中に入ってしまいました。すると、Dちゃんがそのカーテンのところに行ってなにやら話しかけるのです。そして、私のところにやってきて、
「あのね、Eくんはね、こわいんだって」
というのです。
「何が？」
「だから、新しい先生が」
「ふうん、そうなんだね…そしたら、いつごろ出てこられそうかな。Dちゃん、聞いてきてもらえる？」
とお願いすると、Dちゃんがトコトコ行って聞いてきてくれます。
「あのね、ゲーム始まったら出るって言ってる」
「そう、ありがとう」

そして、ゲームが始まると、ちゃんと予定通り出てきたのです。
　その後、Eくんが物陰に隠れる度に、Dちゃんは様子を見に行ってくれて、「どうするの？」と聞いてくれるという関わりを持つようになりました。

❷ みんなもどんどん変わっていく！

　もともとは、Dちゃんも障害があるため、朝から「私は、もう寝る」みたいな感じで、フードをかぶって机に突っ伏しているような子どもでした。ほかにも、うつ病的な子もいたし、Cくんもずっと手をクルクル回しながらランドセルを放り投げて黙っていたし、そういう子どもの多いクラスでした。ADHD傾向の子まで含めると、グレイゾーンの子どもが10人ぐらいいるクラスだったと思います。
　でも、そういう中でも**『学び合い』をやっていると、１ヵ月ぐらいで「人と関わってみようかな」という雰囲気が、少しずつあちこちで見えてきて、自閉傾向の強い子でも変わり始めるのです。**
　もちろん、一般的な子どもだったら、そこまで劇的な変化は現れなかったと思います。でも、重複した自閉症を抱える子たちの場合は、授業中も子ども同士で関わり合いながら学んでいくことが、人間関係にどれだけ大きな変化を生み出すのかが、表情の変化などからとてもよくわかったのです。
　さらに、自閉症の子ども同士は、私にはできない方法で関わり合えるという、魔法のような力を持っていることがわかってきました。
　自閉症傾向の子どもたちは、人と関わらないように見えるけれど、実はそうではなくて、人とつながることはイヤではないのだということも、よくわかってきました。

自閉症のCくんが、人前で発表できた！

1 Cくんが学習発表会に取り組んで

　Dちゃんのおかげで、私もクラスの子どもたちも、どの子にどんなふうに対応したらいいのかがわかり、どんどん子ども同士の関わり合いがうまくいくようになっていきました。
　そして、3学期に総合学習のグループ発表会をすることになった頃には、Cくんがその練習にも入ってこられるようになったのです。

　総合学習には調べ学習があり、その調べ学習の間、Cくんはグループの中でちょこんと座っていました（Cくんはずっと座っているだけで学習はさっぱりしませんでした）。
　それが、「この調べ学習を学習発表会で発表してもらうよ」と伝えると、子どもたちが「わたしたちが劇で発表するとして、Cくんの役って何がいいかな？」と話し合いを始めたのです。
　その時、誰かが「Cくんは博士がいいんじゃないの？」と言ったら、Cくんはそれが気に入ったようです。
　発表の練習は昼休みにもすることになり、2週間前から始めました。Cくんはいつも給食を食べるのが遅いし、残すのに、「お昼休みに発表の練習をするよ」と言われると、その時だけはさっさと食べるのです。
　そして、誰よりも早く練習場所に行って、待っているのです。

2 あのCくんがしゃべった！

　発表にはちゃんと台本があり、そのセリフを、あのCくんが覚えて、みんなの前でボケとツッコミを入れながらやるのです。
　女の子が「こう言ってね」というと、「うん」とうなずいて、ちゃんとセリフを言うのです。
　この発表会の練習以外で、Cくんが言葉を発することはまったくなかったのですが、練習の時だけは、なぜかスイッチが入って話せるのです。そして、練習の時だけは、ちゃんと反応して、タイミングよく出て来て、演じることができたのです。
　これも本当に驚きでした。
　この発表会では、カーテンに隠れるEくんも一緒のグループでした。Eくんもほかの子どもたちと関わりながらうまくやれていて、結果的に、全校児童と保護者の前での学習発表会でちゃんと発表できたのです。

　Cくんがみんなの前に立って、ちゃんと話していることに、やってきた保護者も教職員も、「ええ！　Cくんがしゃべってる！」と、みんなびっくりしていました。
　そもそもCくんは、人の集まる集会には一切行きたがらない子でした。男性教師に無理矢理連れて行かれそうになった時に、目の前の子どもを階段で突き飛ばしたり、パニックになって暴れたりした経緯もあり、教職員も無理強いできなくなっていました。
　絶対に、発表会には参加できない子どもだったのです。
　それが、学習発表会で発表するというところまでこぎ着けたのですから、本当に不思議な感じがしました。
　私がそうしたわけではなく、Dちゃんをはじめ、このグループの子たちが上手にやってのけたのです。

『学び合い』だからクラスが変わった!

1 自閉症のCくんが、友だちと遊ぶようになった!

　発表会後、なんと、自閉症のCくんが、教室でほかの子どもと遊ぶようになりました。
　もちろん、中身の濃い会話はないのですが、ほかの子を追いかけたり、追いかけられたり、じゃれあったりできるようになったのです。
　それは、それまで見られなかった光景でした。
　Cくんは、ふらーっとどこかに行って、またふらーっと戻ってきて、そんな感じを繰り返すだけで1日が終わるような子どもでした。それが、教卓のまわりで、ずっと誰かを追いかけて遊んでいるのです。Cくんが、女の子なり、男の子なりとじゃれあっている。それは、本当に本当に不思議な光景でした。
　そして、それを見ていて私は、「ああ、Cくん、友だちと遊ぶの楽しいんだな」と、心底、そう思いました。
　変わったのはCくんだけではありませんでした。DちゃんもEくんも、みんなも変わっていきました。

　『学び合い』の授業がなかったら、こんなふうには子どもたち同士が関係を深めていくことはなかったと思います。授業の中でもどんどん人と関わり合わなければならない『学び合い』がきっかけになって、お互いが関わり合えるようになっていったのだと思います。

2 『学び合い』が浸透するまでには

　もちろん、ここに至るまでには、いろいろな困難もありました。
　最初は、子ども同士で学び合うというスタイルに対して、成績優秀な賢い子どもたちの反発もありました。「先生が教えてくれるのが一番だ」とも言われました。
　『学び合い』で、どんどん授業中に立ち歩いて友だちと課題について話し合うということをやると、相当、授業中のクラスが乱れた感じになります。整然とした授業でよい成績が取れていた子どもにとっては、それが耐えられないのです。
　でも、1ヵ月もやっていると、そうした成績優秀な子以外の、成績が真ん中の子どもたちは『学び合い』に慣れてきて、今までわからなかった授業がわかるようになってくるので、大好きになるのです。
　そして、大多数が『学び合い』がよいという雰囲気になってくると、成績が優秀な子も、どうしてほかの子たちがいいと言っているのかを考えるようになります。そして、ほかの子どもたちのニーズにどんなふうに応えるといいのかを考えて、教え方を工夫する子も出てきます。
　うまく教えることができて、ものすごく感謝される経験を経ると、それがうれしいので、成績優秀な子どももほかの子どもたちに関わり合うようになっていくのです。
　だいたい、2ヵ月ぐらいでこのような変化が起こります。
　この間、教師にとって必要なのは、このような反発や揺さぶりがあることを想定しつつ、とりあえず、2ヵ月だけ続けてみることです。2ヵ月経てば、きっと子どもたちの多くが、『学び合い』を支持する状態になっていきます。

支援が必要な子たちは『学び合い』が大好き！

 子どもたちは個別支援より『学び合い』が好き

　私はその後も、通常学級で特別支援の必要な子どもを受け持ったり、特別支援学級の担任をしたり、いろいろな子どもたちを受け持ち、『学び合い』を試してきました。
　その結果、特別支援の必要な子どもたちほど、『学び合い』が好きなのだということに、だんだん気づいていきました。
　私が通常学級で受け持っていたIQが境界線の60より下だった子も、教師の個別指導より子どもたちと学習したいと言って『学び合い』学習を選びました。『学び合い』が大好きでした。
　重度の自閉症の男の子も、『学び合い』をいつ行うのか、確認しにきていました。私に自ら話しかける数少ない言葉の１つが「今、『学び合い』ですか？」という言葉でした。
　この子たちは、大人に個別支援をされるよりも、『学び合い』のほうがずっと生き生きと学ぶことができました。

　特別支援の必要な子どもたちには、何度も同じことを教える必要があります。でも、大人は何度も同じ子に同じ指導をしていると、そのうちにイライラしてくることがあります。教師だって人間です。「何で忘れるの？　何度同じことを教えればいいんだ」という心境になることもあります。

いつでもニコニコ、優しく「個別支援」をやり続けられる大人は、そう多くはないのです。
　でも、『学び合い』で、子どもたち同士で教え合っている場合、大人よりもはるかに優しい表情で、わかるように何度も繰り返しあきらめずに教えています。バカにする子どもなんて一人もいません。
　だから、すぐには覚えられなくても、自己嫌悪や自己否定などしないで、過去の知識を強化しつつ新しい知識を得ることができるようです。

❷ 『学び合い』で自分が好きになれる

　なぜ、発達障害の子どもが『学び合い』が好きなのかを考えてみました。まず、明確な見通しがあり、課題のゴールがはっきりしています。個別支援では、ここまでできたんだからと、ゴールを伸ばされることがよくあります。どこまでがんばればいいのかがはっきりとしているので、嫌な課題でも時間いっぱいは意欲を維持させることができるのです。
　そして、何よりも一番の魅力は好きな友だちのそばでできることです。この感情の強さは、支援学級を担任して一番感じるところです。
　障害のある子どもが、支援学級やリソースルームでゆっくりと学習しているのは一見よさそうに見えます。**でも、本心はみんなと一緒に学習したいのです。**自分のことが理解されていると思う場所なら、みんながいる教室のほうを選びます。
　大人が一緒だと、指示以外のことをするのは悪いこととして指導が入ります。
　でも、子ども同士の『学び合い』では、余計な干渉をされずに友だちとの交流を楽しみつつ、集中して課題に向き合えるのです。
　子どもたちは、そういう学習のほうが、自分のことも好きでいられます。だから、『学び合い』が大好きなのです。

大人になった時に本当に必要な力とは

 「わからないことをわからないと言える」を目指す

　保護者会で、『学び合い』の説明をした時、あるお母さんが、
「わたしの時代にもあったらって思いましたよ。わからないことが自由に聞けたらどんなに勉強が楽しかっただろうかと思いますよ。まず、学校に行きたくないなんて思わないでしょう」
と、うらやましげに話していました。
　まったくです。子どもたちの生き生きとした活動ぶりを見ていると、私自身うらやましくてしかたがありません。
　数年前、放送大学の講座のために、近くの大学でマークシートの前期試験を受けました。初めての受験でもたもたしていると、隣席の70代ぐらいの女性が親切に教えてくださったのですが、この放送大学では高齢者の方々がたくさん学んでおられることがわかりました。
　和気あいあいとした雰囲気で、年齢に関係なくお互いに尋ね合ったり、教え合ったりして、楽しそうに会話も弾んでいます。資格取得の目的ではなく、本来の学ぶ楽しさに魅かれて、受講を継続されているような印象を受けました。
　学力の向上を掲げる文部科学省の方針により、少人数指導の上、加配の教師も来て、小中学校で懇切丁寧に教えてくれる時代です。「わからないことがあったら、いつでも聞きに来ていいんだよ」と授業中に教師は子どもたちに話しかけています。

しかし、ほとんどの子どもは敷居が高く感じるので、職員室には行きません。聞きたくても先生が忙しそうにしていると声をかけそびれるし、何より先生に聞くのは友だちの手前恥ずかしいので、わからないとは言えない状態です。ましてや、教師から居残りなどと言われようものなら、教科を嫌うのではなく教師が嫌われてしまいます。

大人になった時に幸せをつかむために

　大人になった時、人生の幸せをつかむには、「わからないことをわからないと言える」力が必要です。
　「わからない」という言葉を言える力は、自分のプライドを捨て、自分を受け止めてもらおうとする力です。また、相手の話に耳を傾けて素直な気持ちで聞くことができるのも、大事な力です。
　大人になれば、違う意見を持ち合う者同士であっても折り合いをつけながら「わからないこと」を解決しなければなりません。それは、社会人として生きていくために、また、人間関係づくりにおいても、一番重要な部分でしょう。
　「困ったこと」や「わからないこと」を簡単に言える『学び合い』を日々経験することで、その後の人生において大きな幸せをつかむための力を獲得していけます。
　なぜなら、『学び合い』なら、授業の時間ずっと人との関わりにどっぷり漬かれるのですから。
　不登校だった子どもも、『学び合い』の授業をしていると、自分が安心できる友だちを選び、談笑しながら学習を始めます。授業中に関わり合うということで孤独を感じずにすみ、授業の中に居場所があるという安心感が、その子の支えとなるのです。
　『学び合い』は、幸せをつかむための力を育てることもできるのです。

『学び合い』の実践報告①

子どもとその保護者たちからの『学び合い』の感想

● 通常学級在籍で特別支援学級で授業を受けるAちゃん（小4・女子）

『学び合い』じゃないときは、つらいけどがんばってます。

わたしのがっきゅうで『学び合い』をして、いいことがありました。みんなから、わからないところをおしえてもらいました。いつも、ありがとうっておもいます。みんなでたすけあうこともできました。

なかよし学きゅうで、『学び合い』をして、みんなともだちになって、なかよくなりました。わたしは、『学び合い』でもっと学び合いをしたいと思います。

● Aちゃんの保護者

1年生の頃から友だちや担任の名前を覚えられずにいました。それが、『学び合い』をしているうちに友だちの名前が話に出てくるようになりました。うれしかったですね。『学び合い』をしないとまた忘れてしまうのですが、3年生の頃は毎日算数の『学び合い』をしていたので、自分の学級の友だちの名前を忘れないぐらいにしっかり覚えました。娘は、人だけじゃなくて物の名前も出てこないので、こうやっていろんな人と話して言葉をたくさん知ってほしいと思います。

娘が自分の言いたいことが言えず、言葉が足りなくていらいらしている時は不憫に思います。伝わった時はとてもうれしそうにしていて、娘の幸せそうな顔を見るとこちらもうれしくなります。娘は言葉がわからないことも多いので、『学び合い』で友だちのすることを見て学んでいることが多いのではないかなと思っています。ダメなことも、親がいろいろ言うよりも、友だちから言われたほうがわかりやすいような気がしています。

特別支援学級在籍のBちゃん（小4・女子）

　わたしは、（特別支援学級で）AちゃんやCちゃんと『学び合い』をしてたのしかったです。（通常学級で『学び合い』を一緒にしたとき）Fくんが、おしえにきてくれました。いろいろ、わかんないときがあったら、GちゃんやHちゃんがおしえにきてくれてうれしかったです。

　ちょっと、じかんにまにあわなかったら、み〜んながこえをかけてくれてうれしかったです。5ねんせいでも、『学び合い』をしたいです。

Bちゃんの保護者

　入学式の前に担任の先生にお願いをしました。Bをひとりぼっちにさせないでください、できるだけみんなと同じ学級で勉強をさせてくださいと話しました。それからも、先生から何かご要望はありませんかと聞かれるたびに、勉強はマイペースでいいので、友だちと関わっている時に先生が側で見守ってくださいとお願いしました。Bが、仲間外れにされずに友だちの中にいることができるのか、とても心配だったのです。

　それが、今はBが支援学級のお友だちを家に呼んで遊んだり、自分が行って遊んだりできるようになりました。支援学級の友だちだけでなく、下の学年の友だちも増えました。過敏なところがあり、大勢の中にはなかなか入れなかったBが、学童でも楽しく遊んでいるところを見ると、社会性が育ってきたことをしみじみと感じます。

　『学び合い』の授業で1年生に丸付けをしてあげたと喜んだり、2年生でかけ算の『学び合い』ができたのでまたしたいと話したり、人と関わることが今はとてもうれしそうです。支援学級のお友だちのことも、大好きです。『学び合い』の中で、ゆっくりですが人とのやりとりができるようになったのだと思います。

　将来、Bが自立できるかどうかはわからないので不安です。Bの幸せを考えた時、大人になってもずっと付き合っていける友だちに恵まれることがとても大切なんじゃないかと思っています。いろいろな人と幅広く友だちになってほしいと思いますし、地域の人たちとも親しくなっていってくれたらと願っています。

特別支援学級在籍だったCちゃん（現在中1・女子）

　1月に6年生最後の『学び合い』合同の算数をしました。その合同算数は、卒業前の最後の『学び合い』でした。3、4年生との『学び合い』は3回目でしたが、その音楽室の『学び合い』は、優しい心パワーが伝わる時間でした。3、4年生がくれた優しさを（特別支援学校の）中学部でも生かしたいと思います。3、4年生のみなさん、最後に優しい気持ちをありがとうございました。本当に幸せでした。3、4年生のみなさん、6年生のみなさん、陽だまりのような心配りをありがとうございました。○○小学校の先生のみなさん、ありがとうございました。今までの学年の中で最高に幸せでした。○○小学校（で過ごせたこと）がすごく幸せでした。日本一幸せでした。ずっと、いい仲間（としていられる友だち）と出会うことができました。

※Cさんはこの授業終了を伝える担任の声とともに立ち上がり、「お礼をいいたい」と話し、自分に関わって教えてくれた6人の名前を呼び、それぞれに深々とおじぎをして、お礼の気持ちを伝えました（特別支援学級担任談）。

Cちゃんの保護者

　Cが『学び合い』の授業に参加しているのを初めて見た時、私と、ほかの保護者の感想が違っていたことを覚えています。残念とか、がっかりしたというよりは、やっぱり…とか、仕方ないかな…という感情のほうがあてはまりました。

　勉強をよく理解している子の親からすれば、人に教えてばかりで自分の子どもが損をしているように感じたり、席につかず歩き回っている子どもたちをみて、時間のムダだと感じたりしたとしても、ムリのないことなのかもしれません。

　そこで私自身、『学び合い』の意味や価値とは何だろうと考えました。単に、国語や算数の授業を理解していくならば、普通の授業を受け、塾に行ったり問題集を解いたりすればいいし、個々にあったいろいろな方法があります。そうやって、自分の苦手なところを補っていくことができると思うのです。それなのに、あえて先生（大人）は子どもと距離をとり、声をかけることなく見守ることをルールとしていました。Cが、自分の課題を持って教えてくれそうな子を探して教室をウロウロしていた時、声をかけるものの、周りの子は自分たちの問題を解くのに夢中で、な

かなか気づいてくれません。どうするのかな～と思ってみていたら、N子ちゃんが大声で、「みなさ～ん！Cちゃんが○○がわからないって！聞いてるよ～？」と叫びました。一瞬、教室がシーンとした後、1番近くにいた2、3人の男の子たちがCに教えてくれました。その場面を目にした時、『学び合い』の授業の意図が垣間見えたような気がしました。

　Cが困っているのを見て声にしてくれたN子ちゃん。その声に耳をかたむけて教えてくれた男の子たち。どちらも知らないふりをしても、きっと先生は何も言わなかったと思います。でも、そうではなかったことに私は何とも言えないうれしさを感じました。

　世の中にはいろいろな人がいます。Cも障害児と言われる子どもです。でもみんな生きて生活をしています。障害があってもなくても、強い人、弱い人いろんな人がいて、得意なことや苦手なことを持って生きていると思います。

　自分以外の人に目を向けられるようになったり、思いやりの気持ちに気づくきっかけに、『学び合い』の授業がなれば、素敵なことだと思います。

　私自身、親として『学び合い』の授業が大好きだったCを見ていて、こんなふうに人と交われることを望んでいたんだなあと、改めて気づかされました。あんなにうれしそうに自分から進んで授業に行くCは、あれ以来見ていないからです。社会に普通に存在することが当たり前になる…健常者とか障害者とか、そんな言葉さえなくなる社会をつくっていけたらなあと思います。

　Cには、いつも人に感謝することを忘れないでいてほしいです。助けてもらうことを当たり前にせず、自分でできることには最大限の努力をはらい、それでもできない時には、手伝ってほしいときちんと相手に伝える。社会の中で生きる上で必要なルールを、自分なりにでも理解してほしいと強く思います。

　正直、実際にそれができるのかどうか、今の段階ではわかりません。もしかしたら、ずっとできないかもしれません。でも、どんなに時間がかかっても、ルールを教えていく努力を親も続けていかなくてはいけないと思っています。決して一方的にしてもらうことが『学び合い』ではないと思うので。

　子どもたちが自分を認め、相手を認めて多くのことを学んでくれれば、この授業のもつ可能性がもっと膨らんでいくのではないでしょうか。

　『学び合い』が多くの人に受け入れられ、広がって行くことを心から願います。

COLUMN 1
6.5%の意味

　特別支援に関わるキーワードとして「6.5%」という数字があります。これは文部科学省が平成24年に発表した「通常の学級に在籍する発達障害の可能性のある特別な教育的支援を必要とする児童生徒に関する調査結果について」（文部科学省、2012）に基づいています。おそらく、この数値は多くの現場教師の実感と一致するものです。

　6.5%というのは通常学級に在籍する「特別支援を必要とする子どもの割合」です。そのほかに、現在、特別支援学級や特別支援学校で特別支援を受けている子どもが約1.5%。つまり、合わせて、約8%の子どもが「特別支援が必要な子」なのです。その子どもたちは大人になり、日本国民となります。日本の人口は約1億3,000万人です。したがって、約8%というと1,000万人です。この人数は東北地方や中国地方の全人口よりも多いのです。

　その1,000万人のほとんどは、社会では普通に生活していくでしょう。そのような人たちを特別な支援を要する子どもにしている今の「学校教育」こそ、なんとかしなければならないと思いませんか？　そうすれば、「本当」に特別な支援を要する子どもに、限られた予算とマンパワーを集中させ、その子にあった質と量の支援を実現することもできます。そして、国民全員が例外なく、満足した人生を過ごす社会が実現できます。私はその理想社会を『学び合い』で本当に実現できると確信しています。

（西川　純）

第2章

やってみよう！「気になる子」と一緒の『学び合い』

西川 純・間波愛子

『学び合い』はすぐにクラスに導入できます。
基本的ノウハウを使えば、今日からでも始められます。
ただ、この学習スタイルは教師にも子どもにも新しいので、いきなり全面的にやるのは躊躇して当然です。
よりスムーズに導入できるステップを踏みましょう。
詳細は『クラスがうまくいく『学び合い』ステップアップ』『クラスが元気になる！ 『学び合い』スタートブック』『『学び合い』ジャンプ』（いずれも学陽書房）を参照してください。
ここでは、特別支援で特に大事なところを書きました。
無理のない方法で徐々にトライしましょう。
とりあえず、まず、やってみましょう！

子ども同士で遊べる子なら、『学び合い』ができる

友だちと遊んでいる子なら『学び合い』は簡単

「子どもがどんな状態なら『学び合い』が可能なの？」
「コミュニケーションが難しい子どもたちに、そもそも授業中に人と関わり合わなければいけないような『学び合い』ができるの？」
と疑問を持つ人もいるでしょう。

遊びのルールを守れる子どもであれば、『学び合い』もその延長線ととらえられるので、『学び合い』が100％可能です。

たとえば、自閉スペクトラム症の子どもであっても、昼休みに、ほかの子との遊びができていれば、『学び合い』への参加は可能です。

そして、コミュニケーションに障害をもつ子には、どんどん『学び合い』をさせたほうがいい、というのが経験から得た私の結論です。

『学び合い』をやらないでいた時、コミュニケーションに障害をもつ子どもは、クラスの中で浮いたまま関係をつくれずに進級し、卒業していきました。でも、『学び合い』に取り組みだしてからは、そういう子も、学年末までには、クラスの子どもと関われるようになっていきました。

困難を抱える子ほど、実際の場面での人間関係づくりの機会を増やさなければ、コミュニケーション力を育成するのは難しいのです。

2 『学び合い』なら自閉症の子にも友だちができる！

　では、一人遊びの発達段階の子どもではできないのかというと、そうではありません。自分の中に目的が持てれば、行動できます。

　あるこだわりが強い自閉傾向の男の子は、休み時間になると、理科の専科の先生の後をついてまわって質問攻めにしたり、上級生に折り紙を教えてもらいたいと言って６年生の教室に入り浸っています。

　自分が好きなキャラクターの話をしたいからと、誰にでも声をかけている自閉症の子もいます。

　自閉症の子どもであっても、他児と自分なりの方法で関わろうとするのです。まったくできないということは、絶対にありません。

　また、ある自閉症の男の子は、自分の気持ちが受け入れてもらえる女の子とだけ遊ぶことができていたので、『学び合い』でも女子とのやりとりはスムーズで、課題にもうまく取り組むことができました。

　自閉症やコミュニケーションに関わる障害を持っている場合、コミュニケーションがまったくとれない訳ではなく、その子の認知できるコミュニケーションの方法ならば、意思の疎通が図れるケースがほとんどです。

　言語性のコミュニケーションがない子どもでも、自分が好きなタッチの仕方で、人とのやりとりを楽しむ支援学級の児童がいました。残念ながら、『学び合い』を知る前だったので、その子を理解できる友だちを増やしてあげることはできませんでした。**でも、『学び合い』を本格的に始めてからは、自閉症の子どもにもクラスの友だちがちゃんとできるようになっていきました。**

　『学び合い』ならば、学級集団がその子の発達を受け入れ、仲間として一緒に育ち、理解しながら、関係を築くことができるのです。

（間波愛子）

『学び合い』は簡単に始められる

 『学び合い』を始めるのはカンタンです

　「じゃあ、ためしに『学び合い』をやってみようかな」と思ったら、ぜひ一度やってみてください。『学び合い』を始めるのは、とてもカンタンです。まずは1週間に1時間で結構です。
　1週間に1時間でも、心配かもしれませんね。たとえば、「私がつきっきりになってもなかなかできないのに、子どもたちに任せて本当にわかるようになるのだろうか？」と不安になると思います。
　しかし、相性というのは不思議なものです。あなたが一生懸命になってもわからせられないことが、子ども同士の一言によってわかる場合もあります。思い出してください。あなたの不得意科目のテスト前の勉強の時、その担当の先生に聞きましたか？　おそらくそうしなかったと思います。そういう時は友だちに聞いたのではありませんか？
　もちろん、子どもがあなたとの相性がよい場合もあります。**でも、『学び合い』で育てたいのは、計算能力や漢字の書き取り能力ではありません。一人も見捨てないクラスを育てたいのです。**そのことをご理解ください。
　また、「あの子が勉強ができないことがわかるとクラスの子どもにバカにされるのではないだろうか？」と心配されるかもしれません。
　一緒にやろうとやるまいと、子どもたちは気になる子たちの学力はとうに知っています。計算ができようとできまいと、それは人として

の価値には関係ありません。そのことを教師が確信して、その確信を伝える場にしましょう。

❷ まずはイベント的にやってみよう！

　「気になる子」がいる通常学級であれば、いつもの授業の中で、週に１時間だけトライしてみましょう。もしも、通常学級と特別支援学級が合同でやるとしたら、互いの学級の都合が合う時で結構です。
　今までも特別支援学級在籍の子が、総合的な学習の時間や生活科の時間に、通常学級のクラスと一緒に勉強することは少なくなかったと思います。でも、教科学習の時間、とくに算数・数学や国語の場合は別々に勉強していたと思います。
　『学び合い』は普通の教科学習の時間に一緒に行って大丈夫です。
　いつでも結構ですから、まずイベントでやってみましょう。
　ただし、一点だけ守って欲しいことがあります。特別支援学級の担任が、「その子」にべったり貼りつくことはやめてください。それでは、教師が「その子」とクラスの子どもたちを隔てる壁になってしまいます。
　休み時間に子どもたちが一緒に関わっているクラスなら、おそらくビックリするほどよい関わりが生じます。教師にとっては心理的に抵抗があるかもしれませんが、子どもたちは「あ、休み時間と同じなのだ」と気づけばよいだけのことです。
　もし休み時間「も」一緒に関わっていないクラスだったら、休み時間と同じ姿が現れます。それならなおさら『学び合い』をしなければなりません。現状のクラスを教科学習という教師の管理下で正さなければならないからです。
　一人も見捨てない、ということを自然に教師が言える場として、ぜひ、週に一度の『学び合い』を行ってみてください。　　　（西川　純）

『学び合い』を始めよう！
まずは「その子」を忘れましょう

 まずは「その子」を忘れてください！

　さあ、ここからは、実際に『学び合い』を始めるためのノウハウを紹介していきましょう。

　人の相性はいかんともしがたいものです。あなたの気になる「その子」とあなたとの相性が合っていない場合もあるでしょう。いや、おそらくそのほうが一般的だと思います。少なくとも、あなたと「その子」との相性がヘレンケラーとサリバン先生なみにベストフィットする可能性は限りなく小さいと思います。それはあなたの能力不足や努力不足の問題ではなく、確率の問題です。

　クラスには数十人の子どもがいます。学校には数百人の子どもがいます。その中に、「その子」にとってあなたより相性のよい子どもがいる可能性は圧倒的に高いはずです。あなたが「その子」にベストフィットする努力をするより、「その子」が数十人、数百人の中にいる相性のよい子どもとつながるきっかけをつくることに力を注ぐべきではないでしょうか？

　そのためには、あなたが一度「その子」を忘れなければなりません。あなたが「その子」を見つめていて、何かあるごとに「その子」に手をかけていたら、周りの子どもは「その子」はあなたが担当するのだと判断します。あなたの視線や行動が、その子を隔離してしまうのです。

『学び合い』では、一人も見捨てないことは自分にとって得であることを「みんな」に理解させます。自分にとって「その子」に関わることが得だとわかれば、子ども同士の関わり合いが始まります。

　「その子」の問題を解決するには、「その子」を変えるのではなくクラスづくりをしなければなりません。クラスづくりが成功すればクラス全員が落ち着いて勉強できます。そのクラス全員の中に、当然、「その子」も含まれます。

❷「その子」が気にしていること

　我々は支援員がべったりとついて指示している時の子どもの視線を分析しました。その結果、支援員が指示をしている間、何度も周りの子ども（たいていは休み時間の時、一緒に遊ぶ子）の方をチラチラ見ているのです。

　考えてみてください。もしも校長が職員室に来て、あなたの脇にべったりと座り、指導案を親切に指導したらどうでしょう。きっとあなたは、「この様子は周りの人からどう見られているのか」と心配になるでしょう。そして、「校長の説明は難しいな～。○○さんに聞きに行きたいな～。早く終わらないかな～」と思い、わかったふりをするでしょう。そして○○さんの方をチラチラ見るはずです。子どもも同じなのです。

　相性はしかたがありません。

　「その子」が気になることはわかります。しかし、その子を何とかしようとしても今まで改善できなかったのではないでしょうか？　**だから、一度、その子を忘れましょう。そしてクラスづくりをしましょう。そのクラスの一人に「その子」も含まれるのです。**　　（西川　純）

『学び合い』の
基本形

　では『学び合い』の基本形をご紹介します。え？　っと思うほど単純で、こんなことでうまくいくの？　と思われると思います。しかし、実際に、ものすごく効果があるのです。

　チャイムが鳴り、教師が教室に入ります。出席確認をしたら、教師はその日の課題を子どもたちに告げます。算数・数学の場合は、「教科書○ページから○ページの問題を全員が解けるようにする」という課題を黒板に書きます。

　そして、教師が「さあどうぞ」と声がけすると、子どもたちは自由にグループをつくります。最初は1人〜8人のさまざまな大きさのグ

ループが生まれますが、しばらくすると4、5人のグループが基本形になると思います。人数が少ないとすぐに相談できないし人数が多すぎても結局効率が悪いことに、子どもたちが自然に気づくからです。

　10分程度でグループを越えた交流が起こり、ダイナミックな動きが生まれます。ただし、ノートに勉強内容をまとめる作

業が多くを占める社会や理科の場合は、算数・数学に比べて座っている時間が長くなると思います。また、『学び合い』で体育をすると、相談することの楽しさに気づき、元気いっぱいの子どもたちが延々と作戦会議をするのに面食らうかもしれません。おもしろいのは見学の子たちもその輪の中に入ることです。

　机間巡視をしながら、子どもたちの様子を見守り、時に「すごいな〜」と短くほめます。何がすごいかを言わないほうが、気楽にほめやすくなります。それに何がすごいかを言うと、その部分はほめられますが、教師が気づかないところはほめられません。短くほめれば、子どものほうが自分のがんばっているところをほめられたと解釈してくれるので、効率がよいのです。

　ほめますが具体的に教えることはしません。授業終了5分前には子どもたちは席に戻ります。そこで、全員が達成できたか確認します。従来の授業で行われた「まとめ」（子どもを指名して答えさせたり、学習内容を板書して確認したりする）は基本的に行いません。教師が「まとめ」をする以前に、子どもたちが自主的に「まとめ」をしているからです。

　このような授業を、毎日毎日続けると成績が上がり、人間関係が向上するのは、子ども集団の持っているすばらしい力を最大限に生かせるからです。そして、その一人として「その子」もいるのです。

（西川　純）

いつ、何をすれば いいの？①

1 いつ始めたらいいか

　最初に始めるのはいつでも結構です。なにしろ小学校6年生の3月にトライしたという人もいるぐらいです。教科は何でもよいですが、小学校では算数が入りやすいでしょう。中学校、高等学校では、進み方の速い学年、やりやすいと感じる学年でとりあえずやりましょう。

　『学び合い』の授業にもっとも近いのは「自習」です。しかし、自習との決定的な違いは、「一人も見捨てず」に全員達成を求める点です。だから、最初のトライには、そこさえちゃんと押さえられれば、自習できるような内容の時が最適だと思います。具体的には単元テストの直前がお勧めです。

　単元テストの直前に問題をつくってください。分量は、できる子どもが十数分程度で終わるくらいが適当です。それ以上になると、できる子どもが周りに教えに行く余裕が持てません。結果として、多くの子どもや「その子」は、教師にも同級生にも教えてもらえないという状態になってしまいます。

2 なぜ、十分な時間を与えなければならないか

　子どもたちが関わり合える時間を十分に与えることが重要です。具

体的には「授業時間－10分」以上の時間を与えてください。

　今までも子どもが関わり合い教え合う授業はありました。それらと『学び合い』との違いは「全員達成」を求めるか否かです。

　今までの授業で教え合わせをした時は、できる子は自分の周りの何人かに教えればほめられました。そしてわからない子は、できる子から教えてもらって「自分」ができればほめられました。

　そのような授業では、できる子は少し教えればわかる子にまず教えます。なぜなら、最小の努力で「わかった！　ありがとう」と言われるし、教師からほめられるからです。しかし、あなたが指導に悩んでいる「その子」を教えようとはしません。教えたとしても、ほかの子が全員わかった後、授業終了10分前より後になるはずです。なぜなら、「その子」を教えるのは大変だからです。

　だから「その子」にまで教えに行けるだけの時間を与えなければなりません。そして、手間のかかる「その子」にこそ最初に教えるべきだということを学ばせなければならないのです。

❸ 課題の提示

　子どもたちに十分な時間を与えるためには、説明したいことは書いておき、それを読むように指示してください。教師が長々説明しても、聞いてほしい子どもは聞いてくれません。

　今の世の中、塾・予備校、通信教材が発達しています。それに、多くの教師はクラスの中ぐらいの子から中の下の子にターゲットを合わせた授業をしています。ですから、教師が説明しなくても、あなたが書いた文章を理解できる子どもは４、５人はいるはずです。その子が周りの子どもに説明すればいいのです。教師は、「目標は渡したプリントを全員ができるようにすること。詳しい注意はそこに書きました。どこで誰と相談しても結構です。●分までに終わって、自分の席に戻ってください。さあ、どうぞ」と言えばよいのです。　（西川　純）

いつ、何をすれば いいの？②

1 答え合わせは子どもに任せる

　課題の答えは書いておき、教卓の上に置いてください。そして、子どもにチェックさせてください。教科書の問題だったら、教師用指導書を置いてください。教師がチェックすると、教師の前にはチェックを受ける子どもの列ができてしまいます。待っている時間が無駄です。

　答えを公開したら、いい加減に丸付けをする子が出るのではないかと、心配になるかもしれません。しかし、そのような子は、どのようなことをしてもいい加減に解答します。それを解決するには、周りの子どもが注意するしかないのです。詳しくは、後述する「わかったふりをしている子をなくすコツ」（pp.66-67）を読んでください。

2 まとめですべきこととは？

　今までは授業の最後にまとめをしていたと思います。その時に何をしていましたか？　おそらく、何人かの子どもを当てて、答えさせていたのではないでしょうか。あるいは、１問ぐらい問題を与えて小テストをしていたかもしれません。しかし、何人かの子どもが答えられたからといって、あるいは、１問ぐらいわかったからといって、その

日の学習を全員が本当に理解したか判断できるでしょうか？　一人ひとりの子どもが本当にわかったか否かを判断するには、その子と対話をしながらチェックするしかありません。しかし、一人の教師が数十人の子どもをチェックすることはできません。それをするには、「本当に全員達成したい」と願う学習集団をつくるしかないのです。

　また、最後にわかったことを確認し、黒板に板書する方もおられるでしょう。しかし、そんな板書でわかるでしょうか？　わかっている子はわかるでしょうが、わからない子はわからないですよね。だから、そのようなことはせず、その代わりに子どもたちに時間を与えるのです。

❸ 課題は別でよいのです

　『学び合い』が機能し始めれば、今まで特別支援が必要だと思われた子の成績がどんどん上がるはずです。**しかし、知的な障害が顕著な子どもの場合は、『学び合い』でもできない場合があります。その場合は、別の課題を与えてください。**

　その際、「別の課題をやっていることがわかるとバカにされる」という気持ちを持っていてはいけません。人の能力が多様なのは当たり前です。算数や国語のテストの点数は人の価値を決めるわけではありません。たとえば、「計算ができないと買い物で困る」ことがあるかもしれませんが、現実の買い物で計算していますか？

　我々にとって重要なのは、計算の能力や漢字の書き取りではありません。人と折り合いをつけてつきあう能力です。そのことを自分で納得し、子どもに語ってください。

　偏見は無知から生じます。教師が隠しても特別支援学級の子どもが「別課題」で学んでいることを子どもたちは知っています。だから、あえてそれをあらわにして教師の価値づけで偏見を理解に変えていくのです。

（西川　純）

課題をつくるのも実はカンタンです

 テストを課題にすればいい

　教科に合った『学び合い』の課題づくりについては、本章の扉で紹介した本に詳しく書いてあるのでそちらをお読みください。しかし、週に１回程度の実施なら、その週のほかの時間で通常通りに教えた内容の確認テストをつくり、そのテストが全員わかることを課題にしてください。また、確認テストの答えは教卓の上に置き、できた子どもが確認できるようにしてください。前述したように教師が確認することで起こる時間のロスはなくしましょう。危惧したとおり、いい加減な丸付けをする子どもが「最初」は出るかもしれません。しかし、そのような子どもは、あなたが丸付けをしてもいい加減にわかろうとするものです（p.66「わかったふりをしている子をなくすコツ」参照）。

　目標は「配ったテストを全員が解けること」としてください。

　なお、１週間あたりの時間数が少ない教科で始める場合は、２週間に一度の頻度で行い、２週間で学んだ内容を確認テストにしてください。

　大事な注意があります。『学び合い』の時間は１時間丸ごと子どもたちに任せてください。『学び合い』は、わかった子が周りの子どもに教え、教えてもらった子どもも一緒になって教えるという、**倍々ゲームなのです**。そのため、子どもたちに任せる時間が長くなるほど幾何級数的に効果が上がります。逆に任せる時間を短くすると幾何級数

的に効果が下がります。20分程度の『学び合い』の場合、従来の一斉授業のほうが効果が上がる可能性もあります。

❷ 特別支援の子どもの課題づくり

　特別支援の子どもに与える課題を決める時、２つのことに注意してください。基本的に従来の授業でも一緒に勉強していた子どもには、同じ課題を与えてください。それは、今まで特別支援学級で学んでいた子どもも同じです。しかし、学力的に非常に重い障害がある子の場合には、特別支援学級でやっている課題を与えてください。その時は、先に述べたように、変に隠さないでください。隠すことによって偏見が生まれます。

　２つ目の注意は、「その子」との間合いです。『学び合い』の初期段階では以下で述べるようにポツンとしているかもしれません。間違った答えのままの場合もあるかもしれません。その場合も踏ん張ってちょっと遠くから見守ってください。あなたがべったりとつけば、周りの子どもがその子と関わる障壁になります。間違っていても、次の時間で教えればよいのです。最初は、『学び合い』の時間は人間関係づくりのエクササイズだと割り切ってください。

　どうしても教えなければと思った場合は、できるだけ周りの子どもを巻き込むようにしてください。その詳細は後述します。

　しかし、どうしてもという時はあるでしょう。５分ごとに近づいてほめなければダメな子や、キレて暴力をふるう子もいるでしょう。その場合は、加減してください。でも、我々教師がやらねばならないのは、社会に出たとき幸せになれるよう育てることです。それはたった「今」から「継続的」に育てなければなりません。べったりくっついている状態では、育ちません。離れる努力をしましょう。（西川　純）

最初にこんなことを語ってください

 なぜ、『学び合い』なのかを語る

『学び合い』は今までの授業とかなり違います。そこで今までとはどこが違うのかを最初に語る必要があります。

たとえば、以下のように語ってください。

> 今からテストに向けて自習の時間を与えます。先生が直前テストをつくったからそれで勉強して欲しい。
>
> これが全部、本当にわかればテストもかなりの点数がとれると思う。
>
> ただ、今回は『学び合い』でやる。『学び合い』の時間には、先生に頼らず、君たちが協力して欲しい。そもそも君たちの中には塾・予備校などでとうの昔に勉強が終わって力があり余っている人がいるだろう。それにこの内容は、みんな既に学校で勉強している。だから、「先生教えて」というのではなく、わかりそうな人に「教えて」と聞きなさい。そして、わかった人は「わからないところある？」とわからなそうな人に教えに行って欲しい。心優しい君たちならばできるはずだ。
>
> もう1つ。本日のめあては、全員が達成することです。「自分が終わった！」で終わりではありません。全員が達成することを目指してください。一人も見捨てずに、全員です。

なお、時間中はどこに移動して相談してもOKです。とにかく、みんなで教え合って、全員達成をしてください。答えは教卓に置きました。各自答え合わせをしてください。間違っていたら、自分で考え、人に聞きながら本当にわかるまでやってください。本当にわかったら、積極的に周りの人に教えてください。教えることによって、より深く理解できます。逆に、わからない人はじっとしていても時間の無駄です。自由に席を立ってよいのですから、わかっている人のところに行って、教えてもらってください。
　時間は○時○分までです。その時間近くになったら私が何も言わなくても、自主的に自分の席に戻ってください。質問はありますか？　さあどうぞ！

　以上の説明は一例です。みなさんは自分の言葉で語ってください。**その際、「教師に安易に頼らない」「立ち歩き、相談は自由」「全員達成を目指せ」「答えは前に置いてある」「最終時間」の５点は必ず入れてください。**

❷ わかる子が必ずいます

　このようなレベルの話をみんな理解できるだろうか？　と心配されている方もおられると思います。結論から言えば、無理です。しかし、クラスの子どもの顔を思い起こしてください。かならず、わかる子が数人はいるはずです。その子たちがわかればよいのです。その子たちがまず動き、それを教師がほめることによって、周りの子どももわかり始めます。あまり最初の話に時間をとらないでください。それよりも、子どもたちが関わる時間を確保してください。その代わりに、あなたが『学び合い』に期待している「思い」を伝えてください。

（西川　純）

子ども同士がつながるコツ

 ちょっとガマンしてください

「さあどうぞ」と言って子どもに任せたとたんに、いろいろな光景が目に入ってくるでしょう。何をしてよいのかわからない子がいるかもしれません。トンチンカンな間違いをする子もいるでしょう。そうなると教えたくなるのが人情です。が、ぐっと我慢してください。

教師が教え始めれば、子どもたちの意識改革は行われません。

 声がけ1つで変わります

子どもがわからないことの大部分は単純なことです。たとえば「ノートに書くのか、プリントに書くのか」「定規を使ってよいのか」というレベルのものです。その時、子どもから「先生、教えて」と言われたら、それに応えてはダメです。その代わりに「…ということがわからないの？　それだったらわかっている人がいるよね」とみんなに聞こえるような声の大きさで言ってください。そうすればその言葉に応えて教えてくれる子が生まれます。その子を「お～優しいな～」とほめてください。そして、質問した子もほめてください。

「先生、この問題の○○ってどういうこと？」と聞いてきたら、近くを見回してその問題が解けている子を見つけ「○○さん、○○さん

はわかっているみたいだな～。ほら、ほかにも△△さん、□□さんもわかっているみたいだ。先生に聞くより、うまい説明をしてくれるかもしれないな～」と言ってください。また、それが解けている子どもの近くによって、「お～、○○さんはすごいね、問題１はそうやって解けばいいんだよね」というように少し大きめの声でほめてあげてください。教師がその場を離れて10秒もたたないうちに、その子の周りに集まる子が現れます。

　まれですが、課題自体があいまいなためにクラス全員が誤解してしまう時もあります。これは子どもの理解力の問題ではなく、教師の側の問題です。そんな時は手を叩いて「は～い。ちょっと一度手を止めてね。今日の課題は…」と説明したくなると思います。しかし、それはしません。その代わりに、視線を中空に向けながら、ちょっと大きめの声で「あれ～問題２では■■について聞いているんだけど、なんか▲▲だと勘違いしている人が多いよな～。問題文にはちゃんと■■と書いてあるのだけど～」と言えばいいのです。そうしたら既に問題２に進んでいる子だけが教師の声に耳を傾けます。その問題まで進んでいない子は、聞き流し、その問題を解き始める頃になって、「ねえねえ、先生がなんか言ってたけど、あれって何？」と周りの子に聞きます。

　『学び合い』では個人ではなく集団を動かそうとしています。そのため、一見、特定の子だけをほめているようですが、その子をほめることによって集団を動かそうとしているのです。そのため、ほめる言葉は常に少し大きめの声で行います。教師はつなげるのではなく、つながるきっかけを与えるのです。教師がＡさんとＢさんをつなげるべきだと思っても、ＡさんとＢさんの本当の相性はわかりません。Ａさんがわからない時、Ｂさん、Ｃさん、Ｄさん…を紹介しますが、誰を選択するかはＡさんが決めます。

　ただし、しゃべるなとは言っていません。心優しい子どもたちの姿を見取って、少し大きめの声で、いっぱいほめたり呟いたりしましょう！

(西川　純)

「教えて」と言える クラスをつくる

1 「教えて」と言えることはすごいこと

　「誰かわからない人はいない？」と言える能力と、「わからないから教えて」と言える能力のどちらが実社会で重要でしょうか？　**おそらく、「わからないから教えて」と言うほうが頻度も多いし、重要度も高いと思います**。教えることが仕事の教師ですら、そうなのです。「わからないから教えて」と言えることは大事だということを、ちゃんと教えなければなりません。

　しかし、世間的には「教えている人＝偉い人／教えられている人＝ダメな人」という図式で見られがちです。そして我々自身もそう考えてしまい、教えている子をほめがちで、教えられている子はほめない傾向にあります。そういう図式を壊さなければなりません。そのためには、教師がまず教えられている子をほめなければなりません。教師のそのほめた言葉は、教えられている子に対する賞賛であるとともに、それ以上に教えている子に対して、**「教えてと言えることは大事なことだ」**ということをわからせるためのメッセージなのです。そのような言葉を少し大きめの声で語ってください。そして、あちらこちらで語ってください。これは、クラス全体に対するメッセージなのです。

　彼らが「教えて」と言えないのは、教師に対してではなくクラスの子に対してなのです。クラスの教えている子が**「そんなこと恥ずかし**

がることないよ。今、わからないことなんてどうでもよいことだよ。要は最後にみんながわかることが大事なのだから」と言うようになることが大事なのです。

❷「教えて」と言えるクラスをつくる声がけ

　子どもたちが学び合っている時は、「教えてと言えたんだね。偉いね」と教えてもらっている子「も」ほめてください。たとえ、その子が「教えて」と言ったから始まった会話でなくても、そのようにほめてください。『学び合い』の声がけは「その子」に語っているのではなく、集団に語っているのです。それに、ほめられて悪い気をする子はいませんから。次は、その子が「教えて」と言えるかもしれません。

　「教えて」と言いやすくなると、長い時間をかけて学び合う場面が生まれます。そうした時は、「本当にわかろうとしているから、食らいついているんだね」とほめてください。そして彼らの会話を聞いていると、「なるほど、そこがわかんなかったんだ〜。今わかった！」と子ども自身が言い始めるということが起こります。その時は、「自分がわからなかったことをうまく説明できたね。な〜るほど〜」とほめてください。

　しぶとく「教えて」と言われているうちに、自分ではわかったつもりになっていた子が実はちゃんとわかっていなかったことに気づくこともあります。教えていた子からの質問がきっかけで深い気づきが生まれることもあります。この段階まで行けば、教える子と教えられる子がくるくると立場を交換します。時には、クラスの一番成績のよい子が授業後のアンケートで、クラスで一番成績の低い子から「教えてもらった」という感想を書くようになるのです。
　　　　　　　　　　　　　　　　　　　　　　　　（西川　純）

わかったふりをしている子をなくすコツ

1 わかったふりしている子をなくす声がけ

　明らかに本当はわかっていないのに「わかった」と言って答えを丸写しする子がいるでしょう。逆に、「ほら、ここに○○と書けばいいんだよ」と丸写しを強要する子もいるでしょう。丸写しをしている子は、本当にわかった時の状態を知らないのです。だから、いくら丸写しはダメだと言っても理解できません。

　ではどうしたらよいのでしょうか？

　授業の最後の6、7分前に確認テストをしてみてください。ものすごく簡単なもので結構です。その場で子どもたちに解答させ、以下のように語ってください。

　「正解した人は手を挙げてください（子どもは手を挙げます）。今、手を挙げている人は立ってください（立ち上がります）。立っている人は周りを見回してください。なぜ、座っている人がいるのだろうか？　君らにはできたことがあったはずだ。座っている人もできたことがあったはずだ（立っている子どもたちを座らせる）。今日の授業を見ていて先生は気になっていたことがある。それは、明らかに本当はわかっていないのに答えを丸写ししていた人がいたことだ。案の定、直前の『学び合い』では丸がついたのに、本番のテストでは×だった。では、なぜこんなことが起こったんだろう。もちろん、丸写しをした人はダメだよね。でも、その人たちはもともと本当にわかると

いうことがわからないから困っていた人だ。丸写しと、本当にわかるということの差がわかっていない。先生が残念に思っているのは、丸写しをさせた側なんだ。丸写しをさせた人は、本当にわかるということがわかっているはずです。教えている時、反応を見ていれば、相手が本当にはわかっていないということに気づいていたはずだ。それでも丸写しを認めていた。これは悲しいことではないだろうか？　もちろん悪気はないのだろう。とりあえず課題を解かせてあげたい、という気持ちだったのだと思う。でも、それではダメなんだ。**クラスみんなが本当にわかるように、みんなが支え合えるようなクラスを目指そう。期待しています**」

❷ 子どもたちの変化と注意

　そのうちに子どもの中から、「ちゃんとわからなきゃいけないんだよ」「ダメだよ、答えを写すだけでは」という声が上がるはずです。そうしたらクラスのみんなに聞こえるようにちょっと大きめの声でほめてあげましょう。それをまねる子が増えます。そのうちに、「じゃあ、この数が4じゃなくて5だったら答えはどうなる？」というように本当にわかったかどうかを確認する子が生まれます。そういう集団ができれば、わかったふりをしている子どもがいなくなるのです。

　なお、最後の確認テストはできるだけ早く（せいぜい2、3回程度で）廃止してください。確認テストは、あくまで教師が全員達成を求めているという明確なメッセージを伝えるものにすぎません。確認テストをすれば子どもたちの貴重な「関わる時間」を削ってしまいます。

　なお、授業中にいっぱいほめることを心がけてください。子どもたちの大多数は、教師の言葉に応えてさまざまなことをしています。その子たちのがんばりを見取らずに否定的な評価ばかりをすれば、やる気を失います。叱る数倍ほめること、それが説教のコツです。

（西川　純）

孤立している子をなくすコツ

 孤立している子をなくす声がけ

　本書では『学び合い』の最初の段階を紹介しています。この段階の『学び合い』では、さまざまな問題が見て取れると思います。たとえば、孤立している子がいることが目立ちます。自分ではわからず、そして、誰からの援助も受けられない子どもです。

　ポツンとしている子のことを、なんとかしようとして直接指導すると、かえってその子を追い詰めてしまいます。無理矢理、どこかのグループに入れてしまえば、教師は気が楽になるかもしれませんが、その子にとっては一人でいるより辛い状態になる危険性があります。むしろ、「○○さんは一人でやっているのね。一人が勉強になるなら、一人でもいいんだよ。でも、みんなができるために何ができるかを考えてね」という程度に語り、その子が一人でいることを合理化してください。そして、ここまでに紹介したような声がけをしてください。

❷ 一貫した語りが大切です

　一人ポツンとしている子がいたら、教師はその子がかわいそうでかわいそうで頭がいっぱいになると思います。でも、踏ん張ってください。子どもたちにとって「みんな」とは自分の周りの数人なのです。

「みんなでやって」「みんなができるようになろう」と教師が言っても、クラスのオピニオンリーダーレベルの子であっても、自分の周りの子を数人教えたらOKだと思いこんでいます。しかし、しょうがありません。今までの教育ではそれでOKだったからです。本当に「一人も見捨てず」ということを求めたことはなかったはずです。2、3人ができていないのにもかかわらず、思わず「今日はみんなができたね」と言ってしまった経験のある教師は少なくないのではないでしょうか？　その一言で、教師の「あの子はしかたがない」という気持ちが子どもに伝わってしまいます。

　先に挙げたように「一人も見捨てず」というメッセージを繰り返し子どもに語ることによって、教師の言っている「みんな」という言葉が「本当に一人も見捨てないということ」であることが徐々に伝わります。ただ前項で挙げたような語りをただ繰り返すだけでは重くなりすぎます。みなさんのキャラクターに合わせて、「軽く語る」「しっかり語る」「笑いをとりながら語る」「切々と語る」「嫌みを含みながら語る」など、さまざまな語り方でしつこく語ってください。

　『学び合い』をすれば、今までとは違った人間関係がどんどん生まれます。それはイベント的に『学び合い』をやっただけの段階でも生まれます。そして以降に書くステップを踏みながら**『学び合い』の頻度を上げれば、孤立している子はどんどん少なくなります。これは『学び合い』を実践した時、多くの先生方が驚かれることです。**

　しかし、最後の数人の子どもを『学び合い』の輪に入れるには時間がかかります。そのような子を受け入れるには、その子以外の子どもがすべて『学び合い』の輪に入る段階を経なければなりません。みんなでその数人を受け止められれば、乗り越えられます。

　そのためにやるべきことは「一人を見捨てるクラスは、やがて「君」も見捨てるクラスになるぞ、だから一人も見捨ててはいけない」と繰り返し繰り返し、語り続けることです。　　　　　（西川　純）

イベント的な『学び合い』でもこんなに変わる！

 こんな成果が見えてくる！

　普通に一斉授業をしてきたクラスであれば、２、３回の『学び合い』で子どもたちは自然に立ち歩き、教え合い、学び合うようになるでしょう。

　おそらく本書を読んでいるような先生あれば、１回だけでクラスがそのような状態になる場合も多いでしょう。元気いっぱいの子どもたちの多くを、まがりなりにも座らせてノートをとらせる力量があるなら、「立ち歩いていいよ、相談していいよ」と言ってそうさせるのに時間はかからないはずです。

　子どもたちが立ち歩いて学び合う状態が見られるようになると、比較的早い段階からよい兆候が見て取れると思います。

　普段の授業だったら授業開始10分以内で授業への集中は切れて、心は遠く宇宙に飛び立つ子どもが、『学び合い』の授業だと集中して学習に取り組む姿が見られます。バカ話をしているのかなと思っても、そっと近づいて話を聞くと、レベルはさておき勉強の話をしていると思います。

　今まで手を焼いていた子どもたちの中に、授業に向かっている姿が見られる子がかなり生まれるはずです。**今までだったら「座りなさい」「静かに」と叱っていた子に、「立ち歩いていいんだよ」「相談していいんだよ」と言えばいいのです。気が楽になります。**子どもたち

のほほえましい会話に耳を傾ければ、思わず笑みがこぼれます。その笑顔が子どもたちにエネルギーを与えるのです。

❷ こんな課題も解消したいと思ったら…

　一方、この章でも取り上げたように、この段階ではさまざまな問題が目についてくると思います。第一に、好きな者同士のグループが形成されると思います。とくに問題なのは、成績下位層の子どもが集まって勉強せずに遊ぶことです。第二に、孤立している子がいることが目立ちます。自分では学習内容がわからず、しかも、誰からの援助も受けられない子どもです。しかし、上記は『学び合い』の結果生じたものではありません。『学び合い』によって子どもたちの「地」がよく現れるようになり、さらに教師もそれを見取る余裕が生じたのです。

　答えを丸写ししているような子は、今までの授業でも、授業の最後に教師が書く板書を丸写ししていたのではないでしょうか？　遊んでいる子は、その多くは授業開始後10分以内に宇宙に飛び立つ子ではないでしょうか？　辛いでしょうがポツンとしている子どもに教えたい気持ちはぐっと我慢してください。教師が教えてしまえば、クラスのみんなは「あの子は先生が担当する」と安心して、その子と関わらなくなります。

　このように『学び合い』により浮きぼりになった問題点は、『学び合い』の授業時間を増やすことで解決できます。『学び合い』の授業時間を増やして定常的に行うようになると、この問題は遅くとも３ヵ月以内（早ければ１ヵ月以内）に絶対に解決できます。ここで見えてきた問題は、おそらく『学び合い』の授業をする前も、なんとかしたかったけれども解決できなかったことではないでしょうか？　ここで元の一斉授業に戻るか、解決する方に進むか、判断してください。

　もしも少しでも手応えを感じて進みたくなったら、ぜひ本章の扉で紹介した本をお読みください。

　　　　　　　　　　　　　　　　　　　　　　　　　　（西川　純）

週1回の『学び合い』を1カ月やったら？

 「気になる子」が気にならなくなる

　週1時間の『学び合い』を4回ぐらい続けると、最初の1ヵ月で実感できるのはADHD傾向の子どもの変化です。『学び合い』ではクラス全員が授業中におしゃべりをして、動き回るので、ADHDの子どもが目立たなくなります。そして、教師もその子に対して何度も「座りなさい」「静かにしなさい」と言わなくてよいので気が楽になります。

　学習障害の子どもも気にならなくなります。たとえば、読み書き障害の子どもに教師がアドバイスしている内容を思い出してください。それほど高度なことを言っているわけではないと思います。子どもでも言えるレベルのことが大部分なはずです。その程度のことであっても、通常の授業を教えながら教師が指導しようとすると大変な労力が必要になってしまいます。『学び合い』ではそのようなことは子どもが解決してくれます。

　知的障害の子どもも気にならなくなります。学習障害の子どもと同じ理屈です。知的障害の子どもに対する教師のアドバイスも、それほど高度なことを言っているわけではないと思います。子どもでもできるレベルのことが大部分なはずです。『学び合い』ではそのようなことは子どもが解決してくれるようになるのです。

❷ この4週間では解決できないこと

　『学び合い』を人間関係づくりのエクササイズだと割り切れば、このレベルでもかなりの成果が期待できます。人間関係づくりの課題が乗り越えられそうだと実感できたら、次は学力保証を願いましょう。
　週に一度の『学び合い』では、子どもたちは関わり合うことだけで満足してしまいます。そのため、学力の低い子どもは、ほかの子が一生懸命に自分に説明してくれて自分をバカにしない、ということに満足し、言われるままにノートに丸写しをするはずです。教えているほうも、このままではいけないとうすうすは気づいていますが、そのレベルで満足しています。
　学力保証できるレベルに至るにはテストの点数にこだわらねばなりません。丸写しをすれば、それはテストの結果に表れます。もし、その教科の時間のほとんどを『学び合い』で実践すれば、テストの結果は自分たちの責任だということを、子どもたちは納得します。しかし、その教科の時間のほとんどを教師が教え、週に一度『学び合い』をするだけでは「そりゃ先生の教え方が悪いのだ」という逃げ道が生じてしまうのです。
　2つの選択肢があります。1つはこのまま、週に一度の『学び合い』を人間関係づくりのエクササイズだと割り切って進めることです。それもありだと思います。そのレベルでもかなりの成果をあげることができます。
　しかし、最高のクラスをつくり、「その子」も救うには、『学び合い』を次の段階に進ませる必要があります。　　　　　（西川　純）

とりあえず
3カ月続けてみると?

 驚異的な学力の向上が見られる

　まずは1つの教科を選んでください。3ヵ月ぐらいその教科の時間のほとんどを『学び合い』で実践すれば、学力に関して驚異的な成果が期待できます。通常学級に在籍している、知的な障害があると思われていた子どもの半数以上に、驚異的な成績の向上が見られます。中にはテストで満点を取るような子どもも出てきます。おそらくビックリすると思います。これは魔法ではなく、種さえ知っていれば誰にでもできる手品なのです。

　日本で特別支援を受けている子どもの多くは、知的な能力に欠けているのではなく、現状の授業との相性が悪いだけの子どもなのです。

　ある子どもAくんがいました。小学校4年になっても九九が覚えられません。当然のことながら、算数は壊滅的な状態です。5年生で担任になった教師が、たまたま『学び合い』の実践者でした。周りの子どもはAくんを一生懸命に教えます。しかし、九九がわからないのですから点数は上がりません。ただ、自分をバカにせず、クラスのみんなが一生懸命に教えてくれることに今までと違う心地よさをAくんは感じていました。そんな時にクラスのある子が「Aくん、九九覚えたほうがいいよ」と一言言いました。Aくんは1週間で九九を覚えました。そしてその後の成績はうなぎ登りです。

　Aくんは九九を覚えられる知的能力に欠けていたのではないので

す。ただ、九九を覚えようという気持ちがなかったのです。その気持ちを仲間が与えてくれたのです。

❷ テストの点数も人間関係もよくなる

　『学び合い』ではテストの点数に徹底的にこだわります。しかし、我々はテストの点数を上げたいために『学び合い』を実践しているのではありません。『学び合い』で一番大切にしていることは、「一人も見捨てないということは得」、逆に言えば、「安易に人を見捨てるのは損」ということを実感として学び取らせることなのです。

　それをギリギリまで実感させるにはテストの点数しかありません。ただし、『学び合い』でこだわるテストの点数は平均点ではありません。『学び合い』でこだわるのはテストの最低点です。

　テストの平均点を上げるなら、『学び合い』でなくともいくらでも方法があります。多くの場合は、成績の中、もしくは中の下の子どもに合ったドリル学習を繰り返しやることです。

　しかし、この方法だと一部の子どもを見捨ててしまっているのです。

　最低点を上げるには、クラス全員がクラス全員をサポートする集団づくりをするしか方法はありません。「関わること」や「仲良くなる」ことはいくらでも「ふり」ができます。しかしテストの点数は「ふり」はできません。そのことを子どももわかっています。だから、『学び合い』では「教科書●ページの問題を全員が解くことができる」という課題を日々与え、最終的には「テストの点数が全員80点以上」ということを求めるのです。最低点が80点以上だとしたら、平均点は驚異的に上昇するのは当然の理です。そして、そのことを実現するクラスの人間関係は驚異的に向上しています。『学び合い』ではそれを願っているのです。

（西川　純）

1年経つと、見える風景はすっかり変わります！

 最後の一人ができるようになる！

　『学び合い』を始めれば、4週間以内にクラスの8割程度を学び合う集団にすることはたやすいはずです。なぜかといえば、8割程度の子どもはクラスの誰かとつながっているからです。そのつながりを授業中に使ってもよいと理解するだけですから。しかし、それを9割にするには3ヵ月かかることがあります。

　皆さんは今までも授業中に、子どもたちが関わる場面を設けていたと思います。その際はできる子が周りの子どもに教えていれば、それでOKだったと思います。しかし、それでは誰ともつながっていない子ども、あるいは、勉強しない子どもだけでつながっている子どもたちは学びの集団には入れていません。『学び合い』の中で、その子たちを取り込むには時間がかかります。

　そして最後の一人（後述するようにたいていはアスペルガー傾向の子ども）を学びの集団に取り込むには、もっと時間がかかります。時には1年かかることもあります。その子は関係づくりの極端に下手な子で、関わると不快になる子どもだからです。その子を取り込むには「お世話係」をつくるのではなく、クラス全体で関わるしかありません。それには「一人も見捨てないことは得だ」ということがクラスの文化にならなければなりません。

　『学び合い』はクラスづくりなのです。時間がかかります。時間が

かかりますが、最後の一人まで学びの集団に取り込めた時、最高のクラスができ上がります。腰を据えて、求め続ける価値があります。

❷ 甲子園を目指そう！

　最後の一人を取り込むのは本当に大変です。教師から見てクラスの子どもたちに「すまない」と思うような時さえあります。踏ん張って乗り越えてください。

　我々には相性というものがあります。相性がよければ何もせずとも楽しく過ごせますし、楽しい思い出を積み上げることができます。しかし、そんな人はごくまれな存在です。クラスは相性がよいとはいえない人たちの集団です。実は教師にとっての同僚もそうなのです。

　そのような人たちが本当の集団になるのは、１つの目標を共有し、苦労を乗り越えた時なのです。その苦労が大変であればあるほど、乗り越えた時の集団はすばらしく、大きな思い出も得ることができます。そして、その集団は卒業（異動）した後もつながれる仲間となります。

　そうなるには大変ですが、でも、実際にそのような仲間同士になった子どもたちは、１年前とはまったく違う様子になっています。クラスの風景も、教師自身も、まったく変わっていると思います。

　高校野球のよい監督は、絶対に「甲子園に行こう」と言います。「地区大会で２回勝とう」では絶対に最高の集団にはなれません。それでは高校教育の中に野球部が存在する意味がないからです。もちろん「無理だな〜…」という思いは起こるでしょう。それでも「甲子園に行こう」と言うべきなのです。

　最後の一人を取り込むのは本当に大変です。しかし、「その子」のためだけでなく、クラス全員のためにそれを求めるべきなのです。

（西川 純）

『学び合い』の実践報告②
気になっていたあの子が、仲間の真ん中に！

福岡県福岡市立小学校教諭
伊東宗宏

● もう僕は今の子どもたちには通用しないのかも

　6年間離島で教師をし、町の小学校に帰ってきた私を待ち構えていたのは、子どもたちの大きな変化でした。自分の言い分だけを親に伝える子ども。その保護者からのクレーム対応に追われる毎日。落ち着かず、授業中に歩き回る子。何かがおかしいと思うと同時に、「もう僕は通用しないのかも」と思いました。突破口を求め、いろんな研修会に参加し、そこで『学び合い』を知りました。でもその時は、「ああ、ベテランの先生がやっていた、教え合ったりするあれか」と思う程度でした。

●「仲間」と思える「仲間」を広げていく子どもたち

　初めは、算数の練習問題でやってみました。それでも、授業中に何も発言せずノートをとるだけの子が、仲のいい子に解き方を聞き始めました。そこで、課題の終わった子は名前プレートを貼らせるようにしました。子どもたちは自然と、終わっていない子に寄り添い、教えたり相談したりし始めました。その変化に気がついた私は、「「みんなができる」をめざす」ことの大切さを初めて語りました。子どもたちの変化に、「きっと、誰一人見捨てない学級ができる」という自信が持てたからです。それからは、奇跡の毎日でした。勉強をあきらめ、人の眼鏡を取って遊んでいた子が、初めて「おい、教えろよ」と言い

出したり、いじめられていた過去を引きずって誰とも関われなかった子が、仲間に誘われ「うん」とうなずき、一緒に勉強を始めたりしました。

　図工や音楽の時にクラスに入る支援学級の仲間に、何度も何度も玉結びを教える子の姿、嫌がって大声を上げる支援学級の仲間に長縄跳びを教え、初めて跳んだ時のみんなの歓声…。最後まであきらめずに練習につきあったのは、教室を走り回っていた子でした。「自分も見捨てられないから私も見捨てない」そんな気持ちの仲間たちでした。

　3月、クラスの目標は「みんなで卒業式に出る」でした。支援学級の仲間は大きな音が響く体育館が大嫌いで、練習が始まっても中に入れません。子どもたちは席の位置を変え、席順を考え直し、どうにか一緒にと考え続けてくれました。そして、当日どうにか支援学級の担任の先生と入場できました。いよいよ退場の場面になりました。子どもたちは、練習の整列の仕方を無視して退場の合図と共にその子に寄り添い、歩き始めました。「我々は、どんなことがあっても誰一人見捨てない仲間なんだ」と言いたげに、笑顔で歩く子どもたちでした。

あなたも、子どもたちの姿に感動する毎日が待っています。

　私の変化は、「何のために学校にくるのか」を信念を持って語れるようになったことだと思います。その軸はぶれません。「より多くの人を仲間と思えるようになるために」、それこそが子どもたちの幸せにつながり、子どもたちが大人になった時の未来の社会を幸せにすることだと確信を持って伝えられるようになりました。そして、「みんな」という言葉の意味する範囲を、子どもたちの姿から少しずつ大きくしていけたことは幸せなことでした。また、夜遅くまで教材研究をすることもなくなりました。日が暮れる前に学校を出て、家族に「今日、クラスでね…」と、よく泣きながら子どもたちに感動した話をします。すべてが順調ではないですが、そんな幸せな教師です。

COLUMN 2
変わるのは誰

　『学び合い』を研究・実践し始めて不思議なことがありました。小学校でやっても中学校でやっても、本章で書いたようにだいたい4週間以内にはそれなりの段階に至ります。小学校は学級担任制で、中学校は教科担任制です。中学校の先生が『学び合い』を本格的にやり、すべての時間を『学び合い』でやったとしても、子どもたちがその先生の授業を受けるのは週に3、4時間程度です。一方、小学校の先生が本格的に『学び合い』に取り組めば、子どもたちは週に3、4時間どころか、それよりも圧倒的に多くの時間『学び合い』を経験できます。にもかかわらず小学校でやっても中学校でやっても、『学び合い』が軌道に乗るのに4週間かかるのです。それが不思議でした。

　今はわかります。4週間かかっていたのは子どもたちの変化ではなく、教師の変化なのです。小学校であろうと中学校であろうと、教師の側がこなす授業時間数にはそれほど違いはありません。だから、小学校でも中学校でも差は出ないのです。

　本章で書いた時間進行は、『学び合い』にトライした最初の年の時間進行です。もし、その教師が10月頃から『学び合い』にトライして、次の年度は4月1日から3月31日まで『学び合い』を実践したのなら、次の年度は1週間程度で3ヵ月レベルに移行することも可能なのです。一人も見捨てないことを語る、教師の覚悟が子どもを動かすのです。　　　　　　　　　（西川　純）

第3章

なぜ『学び合い』が特別支援に有効か?

西川 純

今までの特別支援教育は、徹底的に教師が個に寄り添い、その子に支援することが理想の1つとされていました。
しかし、『学び合い』はその対極にあります。
教師はその子ではなく、「一人も見捨てない」子ども集団づくりに専念します。
「教師の私」でも手を焼いた「その子」を子ども集団がなんとかできるとは信じられないと思います。しかし、子ども集団だからこそ「その子」を変えられるのです。
その仕組みを紹介しましょう。

特別支援の子だけが特別なの?

1 オーダーメイドの指導が必要です

　特別支援の必要な子どもの指導方法の本は、たいていタイプ別に分けられていると思います。本書も、便宜上、ADHDやアスペルガー傾向という言葉を使って説明しています。しかし、典型的なADHDという子どもに会ったことがあるでしょうか?

　たしかにADHD特有の行動はあり、それに対する対処法もあるでしょう。しかし、子どもは一人ひとり違います。ADHDの本を参考にしても、結局、「その子」用の指導法を生み出すしかありません。

　そのためにどれほど時間がかかるでしょうか? 育ててきた保護者でさえ手を焼いているのです。さらに通常学級の担任であれば、その子以外に数十人の子どもがいます。とてもオーダーメイドの指導法を生み出せるわけがないのです。それは教師の能力不足ではなく、物理的に不可能なことなのです。とはいっても、一人ひとりへの特別な支援は絶対に必要なのです。ではどうしたらよいでしょうか?

　『学び合い』では、そんなことを教師一人が抱え込むことはやめましょう、と提案しています。その代わりに、一人も見捨てないクラスづくりをすることによって、みんながみんなのオーダーメイドの接し方を理解し合う集団をつくることを提案しているのです。

我々は全員が特別な支援を必要としている

　私は漢文が壊滅的にわかりませんでした。地図が読めないという方もおられるでしょう。全てが得意な方というのはまずいません。我々は全員が特別な支援を必要としている部分を必ず持っています。情緒障害も同じです。私は家内の気持ちが約20年経た今もよくわかりません。わかったのは、問題が起こったらすぐ「ごめんなさい」と謝り、言われたことを直ちにやるとよいということです。

　昔、低学力の高校で物理を教えていた時、「速度＝距離／時間」という公式を教え、わかってもらえず意気消沈していました。すると、仲のよい生徒に「純ちゃん、僕らはバカだけど割り算はわかる。わからないのは、なぜ距離を時間で割れるかなんだよ」と言われました。

　「え、だって…」と説明しかけて、私は言葉を失いました。簡単に説明できると思いましたが、説明できないのです。

　算数や数学の問題の変な飴の分け方や、距離÷時間をすんなり受け入れる私と「変！」と思う生徒のどちらに支援が必要でしょう？

　訳がわからず大嫌いであっても、ド暗記で乗り越えられる子は健常児とされ、そうできずに知的障害と判定される子もいます。イライラを押し殺せば健常児とされ、暴言・暴力をすれば情緒障害と判定されます。でも、大人も場面によっては、場面緘黙（かんもく）の子や暴言を吐く子と同じになることだってありませんか（お酒でそうなる人もいますね）。

　特別支援教育で一番大事なことは、自分も含めてみんなが特別な支援を必要としているということを理解して、特別な支援を必要としている子どもを「特別」とは思わないことだと思います。

　特別な支援が必要な子を「かわいそうな子」「ダメな子」と教師が思えば、周りの子どももそう思ってしまいます。

　その子も自分もほかの子も、みんな変わった子であり、おもしろい子なのです。そう思いましょう。

子ども同士で学習支援したほうがわかる

 子ども同士の会話を聞いてみると

　Aくんは読み書き障害で、以前は支援員がべったりついて指導していました。しかし、支援員がそばにいない『学び合い』では、周りの子どもに相談しています。以下の事例は、Aくんが「習う」という漢字を近くの子どもと相談している姿です（左端からAくん、Bくん、Cくん）。

　A：習うってどう書く？
　B：ならう？　あっ、習う？

と言うと、自分の紙に「習」という漢字を書いて示す。

　しかし、Bくんは送り仮名に確信が持てません。そこで近くのCくんに尋ねます。

　B：「う、だっけ？」

　Cくんがうなずくと、AくんはBくんとCくんとのやりとりを見てノートに「習う」と書きました。

❷ 大人のアドバイスもそれほど変わらない

　読み書き障害に限りません。通常学級において、特別支援の子に教師や支援員がしている学習支援に関わる声がけはどのようなものでしょうか？
　おそらく九割、いや九分九厘までは、「このページを見るのよ」「ここ、ここ」「定規を使って」というような細かな指示だと思います。そのような指示は教師や支援員にしかできないことでしょうか？
　もちろん上記以上の指示が必要な時もあります。しかし、クラスの子どもの顔を一人ひとり思い浮かべてください。クラスには４、５人程度は教師や支援員レベルの学習支援ができる子がいるはずです。
　さて、特別支援の子どもにとって、教師や支援員がべったりとついている状態と周りの子どもに相談している状態と、どちらが心地よいでしょうか？　周りの子どもにとっては、どうでしょうか？
　想像してください。あなたは新規採用の教師です。何から何まで初めてであたふたしています。そこで、それを心配した教頭先生があなたの机を教頭先生の横に置きました。そして、指導案の書き方、保護者への案内に関して、あなたの後ろに立って丁寧に教えてくれるのです。この状態はあなたにとって望ましい状態ですか？　そして、職員室の先生方にとって望ましい状態ですか？

子ども同士で注意しあうほうがわかる

 子ども同士の注意のほうが効く！

　上越教育大学の近くに国立妙高青少年自然の家という施設があります。私の研究室の学生さんもそこにボランティアに行きます。
　夏に合宿があり、さまざまな学校の子どもたちが集まってきます。メンバーはほぼ初対面と言っていいでしょう。最初に班分けして、並ばせます。その後、自然の家の職員が施設の使い方などの注意をします。しかし、集中力が切れて列から外れてしまったり、遊び出したりする子どもがいます。私の研究室の学生が、その様子をビデオでずっと記録しました。
　集中力が切れた子どもに注意を与えるのは、「自然の家の職員」「ボランティアの学生」「列の前後左右の子ども」の３種類です。注目したのは、注意をした直後に列に並んだか否かと、次に列から外れるまでの時間です。つまり、直後の修正力と持続力を調べたのです。その結果、直後の修正力も持続力も「列の前後左右の子ども」に注意された時が一番効果が高かったのです。先に述べたように「列の前後左右の子ども」は初対面です。年齢的にも子どもです。しかし、なぜ効果が高かったのでしょうか？
　「列の前後左右の子ども」は短いとはいえ、実際に生活をともにするパートナーになるのです。職員や学生に嫌われても大丈夫ですが、「列の前後左右の子ども」から嫌われると生きづらいということを子

どもは知っているのです。そして、**職員や学生の目はごまかせても「列の前後左右の子ども」の目はごまかせない**ことを、子どもは知っているのです。

❷ 手のかかる子がいた場合

　注意すると猛然と反発する子もいます。しかし、『学び合い』が定着するとそれを乗り越えることができます。

　人の相性とは不思議なものです。別の人に注意されると腹が立つのに、ある人からなら腹が立たないということがあります。「その子」との相性がよいのは「あなた」である可能性と、クラスの誰かである可能性とどちらが高いでしょうか？　明らかに後者です。

　そのクラスの誰と誰の相性がよいかは、「その子」も含めて誰にもわかりません。トライアンドエラーを繰り返すしかないのです。そのためにはたくさんの子どもたち同士を関わらせるしかないのです。

　ある子は情緒障害ではあるが、力や学力が高いためボスのようになり、傍若無人な振るまいをしているかもしれません。たしかに一人対一人ではその子にはかないません。しかし、子どもたちが集団を形成し、その子に対して数人で注意をしたらどうでしょうか？　力関係が変わるはずです。

　どのようにしたらいいか、それはわかりません。『学び合い』では「一人も見捨てない」ということを子どもたちに求め続けることによって、子どもたちが関わり合い、トライアンドエラーの中から、その場、その時の解決策を見い出すのです。

変える相手は「その子」ではありません

 アスペルガー傾向の子は変わりにくい

　『学び合い』をすると、特別支援の子どもはすぐに気にならなくなります。もっとも簡単なのは先に述べたようにADHDの子どもです。そしてそのほかの障害もそれほど苦労なく乗り越えることができます。しかし、例外的に大変なのはアスペルガー傾向の子どもです。

　『学び合い』は子どもたちの関わりの中で問題を解決するのですが、アスペルガー傾向の子どもの中には、関われば関わるほど不快にさせる言動をする子がいるからです。このような子どもをクラスの集団に取り込むには、最低でも３ヵ月、多くは１年かかります。

　このような子どもを取り込むには、まずは教師がその子の相手をして（その方法は後述します）、その子以外の子ども集団をつくります。アスペルガー傾向の子どもがいるクラスで、クラス集団ができる前に「一人も見捨てるな」と求めすぎると、十中八九「お世話係」が生まれてしまうからです。

　クラス集団ができてくると、特定の子どもが関わるのではなく、いろいろな子どもが「その子」に関わります。まず初めに関わった子どもが嫌な思いをするでしょう。しかし別の子どもが「その子」に関わります。そして嫌な思いをして、また別の子どもが関わります。それが延々と続くのです。

　なぜ延々と続くのでしょうか？　それは、特定の子どもが「お世話

係」になるのではなく、クラスの多くの子どもたちが、程度の差こそあれ少しずつ関わっていくからです。そのため負担が分散していきます。この延々と続く関わりの中で、その子の扱い方を集団が理解するようになると、「その子」を取り込めるのです。

　あるクラスのことです。気に入らないとすぐに教室を飛び出す子がいました。ある日、その子が飛び出しました。教師が心配になってその子を探そうとすると、クラスの子が「先生、大丈夫、もう少したったら落ち着くから、そうしたら私たちが行くから」と言いました。教師が廊下をのぞくと、教室から離れているが見えるところにその子がいました。

　しばらくして、クラスの子どもが数人で迎えに行くと、「嫌々」をするのですが表情はニコニコしていました。

　その子を変えようとするから教師がヘトヘトになるのです。医者でも治すことが困難な障害を、教師が治すことは不可能です。しかし、その子を理解して受け入れる集団をつくることは、教師にはできるのです。

❷ NG体験の積み重ねから学ぶ

　「その子」は関わる度に関係構築に失敗するでしょう。「その子」にはなぜだかわかりません。なぜか、クラスの子が怒ってしまうのです。しかし、クラスの子が関わり続け、何度も失敗していく中で、時に、関係をうまくつくれる場合もあります。「何だか知らないけど、こうやると失敗する。なんだか知らないけど、こうやるとうまくいく」というNG体験の積み重ねにより、「なんだか知らないけど」うまくつきあえるようになるのです。

　このようなことは紙芝居を使って、「さて、この場合はどうする？」という練習では絶対にできません。

子どもの将来を保証するのは子ども集団

 将来も支え合える関係づくり

　ある子がいました。キレやすく、キレると暴言・暴力が爆発する子です。その学校で支援員がついた子はその子だけでした。キレた時に押さえるための支援員です。

　その子が5年生になった時、担任になったのが『学び合い』を実践している先生でした。3ヵ月もすると、その子は授業中に気にならない子になりました。1年も経つと、休み時間に周りの子どもと一緒に遊びに行くようになりました。

　6年生は持ち上がりで同じ教師が担任でした。ですから、授業は問題なく進みます。しかし、その子が変わったわけではありません。専科の音楽の授業の時は、暴力こそありませんが、4年の時と同じように暴言を吐いていました。

　卒業後、同じクラスだった子たちが遊びに来ました。担任だった先生は、「その子」が中学校で大丈夫かと聞きました。卒業生たちは、「キレそうになると、僕たちで何とかしているから大丈夫だ」と、こともなげに答えたそうです。

　教師は卒業後についていくことはできません。しかし、クラスの子どもたちは共に歩んで行くことができます。教師の仕事は、目の前にいる時に問題を起こさないことではなく、子どもたちの将来を保証することではないでしょうか。

❷ その子にとって大事なことは

　ある保護者から聞いたことです。その家庭は、両親と健常児の兄と特別支援の必要な弟の四人家族です。弟の通う特別支援学級に在籍していたのは弟一人で、教師と1対1の指導を受けることができました。担当の先生は経験豊富な特別支援のスペシャリストで、保護者も安心して学校に通わせていました。

　ところが、ある日のことです。弟が母親に、「お兄さんは友だちが家に遊びに来るのに、どうして僕には友だちがいないの？」と聞いたそうです。その言葉を聞いて母親は言葉を失いました。

　経験豊富でその子と相性のよい教師が家庭教師状態になれば、学力は保証できると思います。しかし、その子はやがて卒業します。そこにはその教師はいません。大人になってその子と会話するのは、家族と作業所の人だけになるかもしれません。その子にとって大事なのは何でしょうか？

　その子はおそらく生まれ育った地域で生涯を過ごすことになるでしょう。もし、そこに学校時代を共に過ごした仲間がいたら、どれほど豊かな人生を送ることができるでしょうか？　教師が子どもに与えられる最大のプレゼントは、かけ算の九九でもなく、漢字の書き取りでもありません。それは仲間だと、私は確信しています。

今、起こっている怖いこと

 少年院の子たちに起こっていたこと

　少年院・少年刑務所には、発達障害の子どもたちが多いことが知られています。しかし、彼らの発達障害と、彼らの犯した罪との因果関係は、明らかにはなっていません。発達障害の子どもが少年院・少年刑務所に入るような罪を犯すのは、発達障害自体の問題ではなく、それによる二次障害に起因するものだと考えられます。

　想像してください。先に述べたようにADHDは落ち着きがない子どもです。もし、ビシッと指導する先生が担任になったらどんなことが起こるでしょう？　おそらく、その先生は何度も何度も「○○さん、静かにしましょう！」「○○さん、座りなさい！」と注意するでしょう。しかし、彼らはそれができないのですから、静かにし続けることも、座り続けることもできません。教師も人の子です。イライラして感情的になるでしょう。そして、「あなたのためにみんなが勉強できない」と責めるでしょうね。そうなったら、周りの子どもはその子をどのように認識するでしょう？　きっと「悪い子」だと認識するでしょう。そして、リーダー格の「よい子」は、繰り返し「○○さん、静かにしましょう！」「○○さん、座りなさい！」と注意するでしょう。教師がやっていることだから、その子を注意するのはよいことだと思っているからです。

　小学校低学年、中学年と、その子はそのような環境の中で過ごしま

す。そして、小学校高学年か中学校１年ぐらいになった頃、教師や周りの子どもが注意する声の倍の大きさで反抗すれば、相手が黙ることに気づくのです。そのような経験が蓄積された結果、自らを守る手段として攻撃することを覚えてしまいます。私が高校教師として教えた子のほとんどは、そういう子でした。

❷ 発達障害はそんなに問題なのか？

　私の教師としての原体験は東京都の定時制高校です。高校の進学率は全国平均で約95％です。そして東京都の平均は97〜98％です。私の教えた学校はその中でも最教育困難の学校です。なにしろ中学校の内申書は純粋無垢のオール１の子がかなりいました（通信簿には１だけで、２も１つもありません）。また、残りのほとんどは、２がちらほらと混じっている程度です。ということで、私の教え子は少なく見積もっても80％は、先に述べた通常学級に在籍する特別支援の必要な「6.5％」の子です。でも、私は「手のかかる子」とは思いましたが、「特別支援の子」と思ったことはありません。周りの子も、私も、私の周りの先生も「そんなもんだ」と普通に思っていました。

　私の教え子の中には、正真正銘の発達障害の子どもがいました。言語も不明瞭で、意思疎通も困難です。文字も書けませんし、計算もできません。漢字も書けません（そんな子どもも在籍する高校でした）。周りの子も、私も、私の周りの先生も、その子が特別支援の子であることは知っていました。しかし、あまり意識していませんでした。みんな「そんなもんだ」と普通に思っていました。

　この子たちが小、中学校の時、もしもっと違う環境で学べていたら、もっと違う扱いを受けられていたらどうでしょうか？　もっと楽しい子ども時代を過ごし、基礎学力も身につけられたのではないでしょうか？　先生方のやり方１つで、子どもたちの人生を大きく左右することもあるという「怖さ」を、今改めて考えていただけたらと思います。

『学び合い』の実践報告③
『学び合い』と生徒たちの成長

岡山県倉敷市立中学校教諭
森山隆行

● 『学び合い』との出会い

　私の『学び合い』との出会いは、1年間現場を離れ、長期研修に出ている時でした。研究テーマを探すため、漠然とグループ学習に関する書籍を読んでいた時に、1冊の本に出会いました。それが、西川先生の「学び合う教室」でした。そこに書かれていた全ての言葉が自分の胸に突き刺さり、今まで自分が当たり前のように、特定の生徒を見捨てていたということに気づかされました。そして、誰一人見捨てないということが可能であるということを教えてもらいました。

● 『学び合い』は人を変えます

　『学び合い』を始めたとはいえ、初めからすべてがうまくいったわけではありませんでした。私のクラスに、周囲からは理解のしがたい行動で授業妨害をし、週に一度程度しか風呂に入らず、体臭もひどいという、かなり支援の必要な生徒がいました。女子は彼の触ったものを汚物のように扱い、非行傾向の強い子は何かと因縁をつけ暴力を振るうということが日常的でした。

　しかし、学年が上がるにつれ、1年生の頃には誰一人寄りつこうとしなかった彼の元に、勉強を教えようとする生徒が現れ始め、3年生になると、「どうすれば○○くんは点が取れるか」ということを考え始めたのです。

この頃になると、女子が彼の周りにいることが多くなりました。1年生の時には彼が通ると息を止めていた女子たちが、彼に勉強を教えているのです。

　ある時、彼が鉛筆を忘れて来たことがありました。その時に、一人の女子が自分のシャープペンを彼に貸したのです。その光景に私は驚きました。なぜなら、彼女は1年生の時に、心ない男子のいたずらで、彼の被った給食エプロンの帽子（洗濯済み）を机の上に置かれ、大泣きをしたことのある女子だったのです。

　私たち大人にとってはわずか2年という年月ですが、その2年の中でここまで人は変わるものなのかという驚きとともに、シャープペンを貸し、優しい笑顔で勉強を教えている彼女と、照れながらもうれしそうに勉強している彼の姿を見て、思わず涙が出そうになりました。そして、彼はその時のテストで8割正解するという目標を達成したのです。

まずはやってみてください

　『学び合い』を行うことで、いろいろな変化が起こります。その中で私がもっとも強く感じている変化は、あたたかい集団がつくられるということです。考えや興味の異なる他者に対しても、阻害するのではなく、異なるということを理解した上で適度な関わりをもつことを、自然に『学び合い』の中で身につけていくのだと思います。

　もう一つは、教師としての喜びです。教科の授業の中で「よっしゃー」という叫び声を聞くことがありますか？『学び合い』の授業の中ではよく聞く叫びです。わかろうと努力する姿、わかった時に喜ぶ姿に触れた時に、教師としての喜びがこみあげてきます。

　ほかにも「やってよかった」と思う場面は多々あります。抵抗感はあると思いますが、まずはやってみてください。世界が変わりますよ。

COLUMN 3
熱き心と冷静な頭

　一人の子どもも見捨てたくない、という熱い心が『学び合い』の出発点です。だから、「その子がかわいそう」というウエットな気持ちももちろんあるでしょう。でも、それにとどまっていては「一人の子どもも見捨てたくない」という本当の目的を達することはできません。

　認知心理学研究を含めた我々の過去の研究結果から、一人も見捨てないことを実現するためには、個々の子どもにつながることをあきらめるという、ある意味で冷たい教師になる決断をしなければなりません。しかし、もし教師がウエットな気持ちを持っていなければ、きっと集団の心に響かないと思います。昔から熱き心と冷静な頭を持つべきだといわれます。微妙なバランスを保たなければなりませんが、それは重要だと思います。

　教師は個々の子どもたちに目を向けなければなりません。しかし、どんなに目を向けても、見きれないことも知らなければなりません。また、仮に見きれたとしても、絶対に対応しきれないことを知らなければなりません。でも、個々の子どもを気にかける気持ちを失えば、集団を見ることすらできなくなります。個々の子どもに目を向ければ、見たくもないことに気づき、何かをしなければという気持ちが起こります。でも、それに負けてはいけません。知っているのに気づかぬふりは、なかなか辛いものです。

　熱き心といっても教師ドラマに出てくる熱さは不必要です。冷静な頭といっても推理ドラマの探偵の冷静さは不必要です。あなたの思いは、子どもたちに確実に伝わります。

(西川 純)

第4章
こんな問題が出てきたら？

西川 純

新たな試みをすれば、新たな問題にも出くわします。
しかし、ご安心ください。
『学び合い』は既に数多くの方が実践してきました。そこで出くわしたさまざまな問題の多くは、教師や学術研究によって、解決できる道筋が明らかにされています。
本章では、その代表的な問題と、解決策をご紹介いたします。

どうしても無理な子

1 「あの子は無理」と思っていると

　ここまで読んでいただけたならば、「もしかしたら、あの子はうまくいくかも」と思える子どもが思い浮かぶと思います。しかし、同時に「でも、あの子は無理」と思える子どももいると思います。
　特別支援学級の知的な障害を持つ子の場合は、日常のこともままならない子もいると思います。毎日、毎日、食べこぼしの清掃や、排泄の世話が必要な子もいるでしょう。そのような子は無理だろうと思うのは当然です。
　そうです、そのような子はすぐにはできません。でも、その子の将来を考えれば、健常者とつきあえるようにしなければなりません。どうしたらいいでしょうか？　まず日常のことができるまでは教師が教え、それができたら『学び合い』の中に入れる、というのが常識的な考え方だと思います。わかります。でも、そのやり方で、その子が健常児と関われるようになるのは何年後なのでしょうか？

2 『学び合い』が目指す方向性

　あなたが思っているとおり、今、その子は教師の支援が必要です。しかし、必要だから支援する、ということでは先は見えません。どの

ようにしたら教師がフェイドアウトできるか、それを考えましょう。

　ではどうするか？　子どもたちに語ること、やることはみな同じです。『学び合い』をすれば、おそらくあなたが予想したとおりのことが起こるはずです。そして、あなたが近づいて支援をせざるを得ないと思います。**しかし、その時、ちょっと大きめの声で話してください。そうすれば、あなたの近くに寄ってくる子がいるはずです。そうしたら、その子に話しかけてください。そして、どうやったらいいか相談してください。その子が提案をしたら、それを認めほめてあげましょう。** そのうちに子どもたちが集まってきます。少しずつ一緒にやりましょう。

　そして、子どもたちがやり始めたら徐々にフェイドアウトするのです。そばで見ていて問題が起こりそうな時は、一言声をかけてください。たとえば、周りが急がせたら、「あ、ちょっと待ってあげたら？ ○○さんも自分のペースでやりたいと思うから」というように声をかけてあげてください。また、必要な時は手を出しましょう。

　要は支援の足し算をするのではなく、どのように子どもたちと一緒になって支援を引き算するかを考えましょう。

　でも、もしあなたがちょっと大きめの声を出しながら支援をしているにもかかわらず、誰も近づいてこなかったらどうしたらいいでしょうか？　その場合は、授業の最後まで待ちましょう。そして、以下のように語ってください。

　「今日は残念なことがありました。先生が○○さんのお手伝いをしていたことはみんな知っていたと思います。でも、最後の最後まで先生が一人でした。それで全員がハッピーになれるでしょうか？　次の機会にはどのようにしたらいいか、考えてくださいね」と優しく語ってください。

　そうすれば、必ず動く子がいます。その子が動けないのは、○○さんがあなた担当で手を出してはいけないと思っているだけだからです。そうではないとわかれば、動く子は必ずいます。

第 4 章　こんな問題が出てきたら？……99

先手、先手を打ちましょう

1 子ども自身で解決する集団をつくろう

　『学び合い』に関してアンケート調査をすると、子どもたちの圧倒的多数は『学び合い』を支持していると思います。しかし、少数の子どもからは『学び合い』は嫌だという反応が出るかもしれません。その1つは特別支援の子どもの場合です。

　教師の多くは通常学級で学び続け、現状の学校教育とフィットした人だと思います。特別支援の子どもたちは、その教師には思いもつかないとらえ方をします。たとえば、今まで手厚い保護を受けていた子どもの場合、わからないところをわかるように教えてもらえないと、誰も来てくれなかったと感じ、自分はダメなのだと、自分を否定する思考にとらわれることもあります。

　知的な障害がある子どもは、自分が不得意であることを隠そうとする子が少なくありません。『学び合い』ではほかの子どもが関わるので、自分が不得意であることがわかるのではないか、と不安になります。さて、どうしたらよいでしょうか？　普通だったら、教師が早めに見取って、それを解決しようとするでしょう。しかし、『学び合い』では、できるだけ周りの子どもが早めに見取り、それを解決する集団をつくろうと考えます。なぜなら、それが「その子」の将来の幸せを保証する道だからです。だから、周りの子どもが早めに見取れる手立てが必要なのです。

❷ アンケートを取りましょう

　『学び合い』についてのアンケートは定期的にすることを勧めます。そして、問題の兆候が見えたら、以下のように語ってください。
　「アンケートをした結果、ほとんどのみんなが『学び合い』は勉強になると答えてくれて、先生も自信がついた。しかし、よく見て欲しい。数人だけど「勉強にならない」「嫌だ」という人がいる。これは重大なことだ。『学び合い』では全員達成を目指している。「何人かはダメでもいいや」となったらどんなことが起こるかを、何度も話していると思う。この結果もそうだ。全員が「勉強になる」「楽しい」を目指さなければならない。「勉強にならない」「嫌だ」と答えた人は大変勇気のある人だ。そして、そう思うのには当然の理由もある。我々はそれを解決しなければならない。そのためには、現在、「勉強になる」「楽しい」と答えている人は何ができるだろうか？　おそらくいろいろなことができると思う。みんなが頭を使って、全員が「勉強になる」「楽しい」を目指さなければならない。」
　アンケート結果はよくても悪くても、子どもに返してください。具体的な問題を解決するのは、教師ではなく、子ども集団なのです。そのような子ども集団をつくるのが教師の仕事です。意識改革が必要です。
　同時に、特別支援の子の保護者に対して、事前に丁寧に説明してください。クレームを受けた後に説明するより、クレームを受ける前に説明するほうが圧倒的に保護者に信頼されます。常に、先手、先手で先を見越した行動が大事です。たとえば、本書を保護者に紹介し、自分が何を願っているのかを理解していただくのも１つの方法です。

問題児の行動を予測できる集団を育てる

① 急にキレはじめる子

特別支援の子の中にはさまざまな子がいます。たとえば、いきなり怒り出す子どもです。以下はSさんが急にKさんに授業中に怒り出した場面です。

> S：「くっそー。なんでだよー。なんで俺にそんなことするんだよ。むかつく。」
> K：「え？　何が？　僕、手を振ったりたたいたりして遊んでただけだよ。」
> S：「おれを見て、やってたじゃないか。バカにしているんだ。」
> T：「休み時間の話？」
> K：「いきなり怒りだしたんです。ケンカしてません。」

周りはびっくりしてしまいますが、その子にはその子なりの理由があります。しかし、その子が何に怒り、いつ怒り出したのかがわからないのです。

集団行動の時に泣き出す子もいます。心の準備ができていない時にほかの人から話しかけられると、緊張が高まり緘黙になる子がいます。一度泣き出したりだまり始めたりすると、周りがどのように話しかけても泣き続け、だまり続けます。

運動会や学習発表会、授業参観などの非日常的なことがあるとテン

ションが高くなり、異常行動を繰り返す子がいます。たとえば、次の時間に避難訓練があると知って、非常用のホースが収納してある箇所を足でどんどん蹴り出します。また、「ねえねえ、どこから火が出てんの？　理科室？　給食室？　おれ、見たいな。見てくるから」とずっとしゃべりっぱなしになり、ひどく興奮して、現場を見ると言って勝手にいなくなったりします。

❷ どうすればいいのか？

　２つのことを理解してください。第一に、一見唐突に見えますが、彼らの行動には理由があること。程度の差はあっても、誰にでもあること。第二に、彼らはそれを克服しなければならないということです。

　では、どうすればいいのか？　その子を理解する子ども集団をつくることです。**彼らをよく観察すれば、一見、唐突に見える行動にも、兆候があることがわかります。**やがて、どのような状況で起こりやすいかがわかり、事前に予測できるようになります。**予測や対応は今まで教師や支援員の仕事だと思われていたことです。しかし、これができる子ども集団を育てる必要があるのです。**

　『学び合い』の集団ができるまでは、教師や支援員がそれをやらなければなりません。上記のような場合、とにかく、その場から引き離し、収まるまで待つしかありません。その後、その子と話し合って、なぜ、そのような行動に至ったのかを聞き出し、それをクラスの子どもに説明してください。そして、一人も見捨てないことの意味を何度も語ってください。

　しばらくすれば、教師や支援員の立ち位置で行動する子どもが生まれます。そうしたら、徐々に教師や支援員はフェイドアウトするのです。我々の仕事は「今」の問題に対処するだけではありません。本当の仕事は、その子の将来を見据えて、教師がいない状態でも生きられるように育てることです。

「その子」を注意したい時には

 注意をする時に教師が気をつけるべきこと

　特別支援の子には何度も注意せざるを得ない時があります。教師も人の子です。何度も続けば感情的にもなるでしょう。そんなことを繰り返す中で、「その子は悪い子」「その子は変な子」というラベルを貼ることになります。そうなると、クラスのリーダー格の子どもが、教師と同じように注意をし始めます。なぜなら、「その子は悪い子」「その子は変な子」なのですから。

　そんなことが続けば、その子はイライラが続き「キレる」ことになるでしょう。そして、教師は敵だと思い始め、教師が注意するとその声の倍以上の声で怒鳴り返せば教師が黙るとことを学びます。

　先に述べたように、少年院には特別支援の子がたくさんいます。しかし、彼らの障害自体は暴力を引き起こすわけではないのです。ラベリングとイライラからそのような道に進んでしまうのです。

「さりげなく」を大事にしよう

　『学び合い』では教師は「その子」を注意しません。もし、教師がその子を注意すれば、その子は教師の担当だと思われるからです。『学び合い』では全員達成できたか、そのために何が必要かというこ

とを繰り返し語ります。それによって教師ではなく、その子に注意を促す子どもが生まれるのです。

　しかし、どうしても注意しなければならない時があります。その場合は、周りの子どもに気づかれないように、細心の注意を払う必要があります。

　たとえば、「その子」が注意すべきことをした時、その場では注意しません。わざとその子を見ずに、その子の方向とは別の方向に動き、大回りしてその子の近くに寄ります。そして、その子の顔を見ずにほかの方向を見て、手を使ってトントンと机を軽く叩き、途切れている集中を元に戻します。

　具体的に内容を伝えなければならない時は、その子にだけ聞こえるような小さな声で注意します。

　また、全員が座っており、教師が教卓に立って話している時に注意すべきことがある場合は、笑いをとります。

　たとえば、ある子が算数の授業中に鳩時計のまねをし続けていたとします。普通だったら「何しているの！　勉強しなさい」と言いたくなると思います。しかし、そこはぐっとこらえて、大変おもしろいという表情で「鳩時計に変身しているのは誰ですか？」と言います。その言葉でクラスが和みます。そして、教師も笑いながら「うまいのはわかるけど、今は通分してくれない？」と言います。すると、クラスが笑う中でその子は勉強し始めるでしょう。

　規格外の子どもに対する教師の反応は２つです。１つは「手のかかる子ども、困った子ども」という反応です。もう１つは、「おもしろい子、クラスを活性化する触媒」という反応です。当然、後者になるべきです。では、どうしたらよいのでしょうか？

　教師が「こうやって、ああやって」という教師の思った筋書き通りに授業を進めようとすれば前者になります。しかし、教師が「まあ、いろいろあるけど、最終的にはここに行けばいいんだよな」と思えば後者になります。だから『学び合い』はよいのです。

アスペルガー傾向の子どもの対策

❶ その子にスポットライトを当てましょう

　『学び合い』を定常的に行えば、4週間以内に比較的簡単に前よりも「まし」になったと、実感できると思います。しかし、アスペルガー傾向の子どもは例外です。変化するのに時間がかかります。また、次の2つのことに注意が必要です。

　アスペルガー傾向の子どもは休み時間になると図書館に行ったり、職員室の前でうろうろしていたりしています。それでも、通常は授業中は孤独を感じません。しかし、『学び合い』が始まると、授業中も孤独を感じ始めます。そして、保護者に「僕はいじめられている」と訴えると思います。そうなれば保護者もクレームをつけてくるでしょう。

　クレームを受ける前に、アスペルガー傾向の子どもの保護者には、『学び合い』を通してどのようなクラスをつくり、その子をどのようにクラスに溶け込めるようにしていくのかを説明してください。そして、時間はかかっても、最終的にはその子にとってメリットが多いことを説明してください。先に述べたように、クレームを受けた後に説明するよりも、クレームを受ける前に説明したほうが圧倒的に保護者に信頼されます。

　『学び合い』では基本的に「その子」を忘れます。しかし、アスペルガー傾向の子どもの場合は、意図的にその子に「スポットライトが

当たるようにする」こと「も」大事です。たとえば、保護者と相談して、その子が得意なものを聞き出し、それを授業のテーマに取り入れてください。それによって、「その子」が活躍します。さらに、教師が「その子」のことを考えていることが保護者にも伝わります。

❷ 子どもは教師の心がわかる

　その子のことを嫌ってはいけません。これはアスペルガー傾向の子に対してばかりではなく、手のかかる子すべてに対しても同様です。規格外の子どもに対して、規格に合わせようとすればイライラして、「困った子」「手のかかる子」と思うのは当然です。あなたがそう思うと、クラスの子どももそのように思い始めてしまいます。

　知的障害の子どもに対しては「このやろう」と怒ることは少ないと思いますが、アスペルガー傾向の子どもの場合、その子の言動を知れば知るほど、クラスの子どもと同じレベルで「このやろう」と思ってしまいがちです。

　そう思ってしまうのは、その子に近づきすぎているのです。もっと緩やかに見ましょう。時には意識的に情報を遮断してください。そして、「おもしろい子」と思ってください。子どもがいくらイライラしても、教師がその子「も」大事にしていると思っている限りは、クラスの子どもはその子を見捨てないし、その子を攻撃しません。

　実はアスペルガー傾向の子どもに対する特効薬が１つあるのです。それは異学年の『学び合い』です。同学年の子どもは、「その子」に対して負の記憶の蓄積があります。しかし、他学年だとそれが少ないので偏見が小さい。教師には反発するのに、年長者には素直になります。また、クラスの子どもに対しては暴言を吐くのに、年少者には人一倍優しくなります。詳しくは『学校が元気になる！『学び合い』ジャンプアップ』（学陽書房）をご覧ください。また、本書の最後にも実例が書かれています。

そのだけができない

❶ 目を転じましょう

　『学び合い』をやってもやっても全員達成できないと、子どもたちが「無理だ〜！」と思い始めます。そして、教師に対して「なんでそんな無理なことを言うんだ！」と反発するようになります。クラス全体が重苦しくなることさえあります。

　こうなる第一の原因は、教師がほめていないことにあります。たしかにできない子はいます。教師が「その子」にこだわり、見続けてしまえば悪い面だけが見えてきます。そうなれば注意が多くなります。また、教師自身が嫌になってきて「無理だ〜！」と思ってしまうのです。子どもはその心を見透かします。

　目を転じましょう。全員達成できるようにがんばっている子は必ずいます。そこを見て、ほめてください。がんばっている子どもに教師がエネルギーを与えなければならないのです。また、その子のがんばりを見ることによって、教師の心が元気になります。その心は子ども、とくにがんばっている子どもには伝わるのです。

　いっぱいほめて、最後に「でも、全員達成はできませんでした。しかし、君らならば全員達成ができると思う」と言ってください。

❷ いろいろな科目でトライしよう

　小学校で『学び合い』を始める人は算数や体育で始める人が多いと思います。理由は課題が簡単にできるからです。しかし、その算数・数学、体育、あるいは、物理のような教科ほど、能力差が大きい教科はありません。そのため、知的な障害が大きい子どもたちにとって全員達成が困難になるのです。

　ところが、これこそがそれらの教科のすばらしい教育価値だと言えます。なぜなら、社会に出ればほかの人にはできるのに、自分にはできないこともあるということを、健常児も含めてすべての人が経験するからです。その時に、卑屈にならないことを学ばねばなりません。逆に言えば、自分ができるからといって傲慢になってはいけないことも学ばねばなりません。それを学校教育の中で教師の監督下で学べるという意味で、算数・数学、体育、物理はすばらしい教科なのです。

　一方、国語、社会、理科（物理以外）などは能力差を乗り越えることができる教科です。これらの教科の場合、単元によってはド暗記で何とかできる部分がかなりあります。この教科で『学び合い』をすれば、知的障害の子どもがいるクラスでも全員達成ができます。事実、知的な障害のある子（専門家の認定済みの子）を含む小学校6年生のクラスで、3回連続、全員100点を実現したクラスがあります。

　そのクラスでは、子どもたちはテストを「挑戦状」と呼びます。教師の出した「全員○点以上達成」という挑戦を受け、それをクリアしたら自分たちの勝ちと考えています。テスト前にはクラスで円陣を組み「全員○点以上とるぞ〜！」と声を合わせます。そんなクラスです。

　なかなか全員達成できない教科で学び合うことの大変さを学び、そのほかの教科で全員達成の喜びを味わう。両方とも必要だと思います。中学校、高校でやる場合は、複数の教科のチームを構成するといいでしょう。

子どもがヘトヘトになったら

 1 どうしても全員達成しなかったら？

ありとあらゆることをして、それでも全員達成が無理だったらどうしたらよいのでしょうか？　私だったら以下のように語ります。

> みんなが全力を出し切っていることを先生はよく知っている。すばらしいと思う。しかし、全員達成はできない。そのことでみんなが悩んでいることもわかる。先生の説明の仕方が悪かったのかもしれない。改めて、説明しよう。
>
> 先生はみんなに全員80点以上とりなさい、と言っている。しかし、なんでテストの点数を求めているのだろうか？　考えてみてほしい。君らが買い物をする時、計算しているだろうか？　おそらくレジでピッ、ピッと値段を読み、自動的に計算したレシートのお金を払っているだけだと思う。これは大人も同じ。実は、先生も1年間で筆算して計算することなんてまったくありません。計算することはあまりないし、必要な時は計算機を使ったりコンピュータを使ったりして計算しています。つまり、大人になって計算は絶対的に必要な能力じゃありません。だから、できないからといって、困ることはあまりありません。
>
> じゃあ、なんで算数の問題で全員80点以上とることを求めているのでしょうか？　それは、みんなに一人も見捨てないことは大

事であり、そのためにいろいろな人と関わることが、大人になっても一番大事な能力であることをわかってほしいからです。仲良くなる。それはいくらでも「ふり」ができます。しかし、テストの点数に「ふり」は通用しません。だから、テストの点数をみなさんに求めているのです。

　考えてみてください。もし先生が「一人は80点以下でいいよ」と言ったら、どんなクラスになるでしょうか？　わかるよね。だから、絶対に先生はそれを言いません。

　たしかに今は全員達成ができません。しかし、君たちは全員が全員達成することをあきらめていません。すばらしいことです。それが一番大事なことです。

　でもね、君たちだったら、もしかしたら全員達成できそうだって思いますよ。

❷ 最高のクラスで起こること

　もし、本当に最高のクラスだったら、そこで交渉が始まります。結果は同じでも、教師が基準を下げるのとは別次元のことです。

> 　先生、全員が80点という課題を与えているけど、○○さんは一生懸命にやっているんだ。○○さんにとって、テストの点数50点は、みんなの80点以上に意味があると思う。だから、○○さんは50点以上としてください。

　もし、クラス全員で上記のように交渉したら、教師は「それは○○さんを含んだ全員で話し合って納得したことだな？　そして、それで全力を尽くせるな？」と確認します。そして、クラス全員の目を見て、子どもたちの決意を確信した時、すごくほめてください。彼らは、『学び合い』で育てたい「最高の集団」になっているのです。

同僚や保護者への伝え方

1 まずは週に一度から

　『学び合い』が特別支援に有効であることは、ここまで読まれた方だったらご理解いただけたと思います。しかし、今までの特別支援とはかなり違うので、同僚や保護者の方が疑問を持つのは当然です。また、あなた自身も「理屈は通っているけど、本当かな～？」というところが本音でしょう。

　まずは本書に書かれていることを手がかりに、イベント的にやってみましょう。次に、本書で紹介している『学び合い』ステップアップやスタートブックを読んで、週に一度程度で定常的にトライしてください。その程度であれば、人間関係づくりのエクササイズ、もしくはインクルーシブ教育の試みと言えば、理解は得られると思います。

　その中で『学び合い』を理解し、その可能性を感じたら、次の段階に進めばよいと思います。無理は禁物です。

2 保護者や同僚に説明する際の注意

　イベントではなく、週に一度程度で定常化する際は、保護者や同僚に説明する必要があります。特別支援学級の子どもを受け入れるためには、特別支援学級の先生のご理解をいただけなければできません。

特別支援の子の保護者と特別支援学級の教師に対して説明する場合は、本書でもいろいろなところで書いたように、その子の障害を考えた時一番大事なものは何か、というレベルで説明してください。
　とくに、知的障害のある子どもの保護者は、一緒に勉強すると「かわいそう」という反応をされる方がおられると思います。その方には、算数や国語ができるかどうかは人の価値ではないことを説明し、子どもたちもそれを理解していることを説明してください。
　単に計算の仕方、漢字の書き取りのレベルであれば、特別支援の経験豊富な教師であれば、家庭教師状態で教えられるのですから、交流学級の子どもより勉強ができる子も生まれます。しかし、『学び合い』では、そのレベルのことを目指しているのではありません。そこをちゃんと説明してください。その上で、週に一度程度であれば、特別支援の教師も受け入れやすいと思います。
　一方、健常児の保護者や交流学級の教師からは、「なぜ、一緒に勉強しなければならないのか？」というような疑問も出てくるかもしれません。とくに、情緒障害などでキレやすく、暴言・暴力が多い子どもの場合、そのような反応が起こりがちです。
　しかし、特別支援の子どもを受け入れることによって、健常児の子どもも得ることが多いのです。たとえば、クラスの下位層の子どもにとって、「次は自分ではないか？」と思っている子は少なくありません。そして、その子たちは「自分が勉強ができないことが周りにわかるとバカにされないか」と不安になっています。**『学び合い』で特別支援の子ども「も」見捨てられないし、バカにされないクラスは居心地がよいクラスなのです。**それは成績が中位、上位の子どもも同じです。人権教育、平和教育、同和教育の根幹と『学び合い』は一致しています。
　居心地のよい職場だと業績が上がるのは、大人ばかりではありません。

教師や支援員のやること 子どものやること

 教師や支援員のやること

　文部科学省が平成19年にまとめた、『「特別支援教育支援員」を活用するために』によると、支援員の役割は以下のとおりです。教師は授業をする点で支援員とは異なりますが、特別支援の子に対して行うことは、支援員と同様と考えてよいと思います。

①　基本的生活習慣確立のための日常生活上の介助
・自分で食べることが難しい児童生徒の食事の介助をする。また、必要に応じて身支度の手伝い、食べこぼしの始末をする。
・衣服の着脱の介助を行う。一人でできる部分は見守り、完全にできないところもできるだけ自分の力で行うよう励ます。
・授業場所を離れられない教員の代わりに排泄の介助を行う。排泄を失敗した場合、児童生徒の気持ちを考慮しながら後始末をする。

②　発達障害の児童生徒に対する学習支援
・教室を飛び出して行く児童生徒に対して、安全確保や居場所の確認を行う。
・読み取りに困難を示す児童生徒に対して黒板の読み上げを行う。
・書くことに困難を示す児童生徒に対してテストの代筆などを行う。
・聞くことに困難を示す児童生徒に対して教員の話を繰り返して聞かせる。
・学用品など自分の持ち物の把握が困難な児童生徒に対して整理場所を教える等の介助を行う。

③　学習活動、教室間移動等における介助
・車いすの児童生徒が、学習の場所を移動する際に、必要に応じて車いすを押す。
・車いすの乗り降りを介助する。
・教員の指導補助として、制作、調理、自由遊びなどの補助を行う。

④　児童生徒の健康・安全確保関係
・視覚障害のある児童生徒の場合、体育の授業や図工、家庭科の実技を伴う場面（特にカッターナイフや包丁、火などを使う場面）で介助に入り、安全面の確保を行う。
・教師と他の子どもが活動している間、てんかんの発作が頻繁に起こるような児童生徒を把握する。
・他者への攻撃や自傷などの危険な行動の防止等の安全に配慮する。

⑤　運動会（体育大会）、学習発表会、修学旅行等の学校行事における介助
・視覚障害のある児童生徒に対し、運動会で長距離走の時、一本のひもをお互いに持って同じペースで走って進行方向を示したり、学習発表会では舞台の袖に待機し、舞台から落ちないように見守る。
・修学旅行や宿泊訓練の時、慣れていない場所での移動や乗り物への乗降を介助する。

⑥　周囲の児童生徒の障害理解促進
・支援を必要とする児童生徒に対する、友だちとしてできる支援や適切な接し方を、担任と協力しながら周囲の児童生徒に伝える。
・支援を必要とする児童生徒に適切な接し方をしている児童生徒の様子を見かけたら、その場の状況に応じて賞賛する。
・支援を必要とする児童生徒の得意なことや苦手なこと、理解しにくい行動を取ってしまう理由などを、周囲の児童生徒が理解しやすいように伝える。また、学校関係者と連携の上、子どもへの支援の在り方等について専門家から意見を聞く、子どもの学校生活の様子を保護者へ情報提供する、保護者から日々の家庭生活についての状況を聞き、子どもへの対応に活かしていくことなどが望まれます。

この中で教師や支援員「しか」できないことはあるでしょうか？
ありません。では、絶対に教師や支援員がやるべきことは何でしょうか？　それは上記すべて、とくに、④と⑤の安全面に関して、子どもたちの支援が確実になされているか否かを確認することです。そして、不十分である場合は、教師や支援員が手を出して安全を確保することです。**逆に言えば、それ以外は子どもに任せるべきなのです。**

なぜ、子どもが支援しなければならないのか？

　家庭科や技術科では日常生活で使うさまざまなことを学びます。しかし、冷静に考えてみましょう。みなさんの中で学校卒業後にミシンを使った方がどれほどいるでしょうか？　棚を作ったことがあるでしょうか？　金工でちり取りを作ったことがあるでしょうか？
　現在、家庭科や技術科で教えていることの多くは、家庭でまったく使われなくなる時代が来ると思います。その時、残るのは何でしょうか？
　私は子育てだと思います。子育てだけは外注化できません。
　高齢化社会が進行すれば介護が家事の多くを占めるはずです。介護を受ける人数が、介護をする人数にどんどん迫っていく時代です。人間相手の介護は、パック食品や既製服のように大量生産できません。
　このように見ていくと、今後の日本において、子育てや介護する能力は非常に大事な能力になっていくことがおわかりいただけると思います。では、そのような能力はいつ学べばよいのでしょうか？　国語の時間を週1時間減らして、「支援の時間」とすべきでしょうか？
　改めて『「特別支援教育支援員」を活用するために』を読み直してみてください。そこにあるのは子育てや介護に必要となることばかりではないでしょうか？　つまり、日常的に特別支援の子を子どもが支援することは、その子どもが子育てするための能力を高めていることなのです。そして、それは両親が年老いた時に介護する能力を高める

ことにもつながります。そのような子どもたちが大きくなり、社会に上記の能力を持つ大人が多くなることは、自らの老後を守ることになるのです。それも、国語や社会などの時間を削ることなく実現できるということです。

そのような機会を子どもから奪ってはならないと私は思います。

 どこまで子どもに任せるべきなのか？

上記のように書きましたが、「でも…」と思われるのは当然です。たとえば「小学校低学年の子どもにできるだろうか」「多感な中高生がそんな支援をするだろうか」逆に「多感な中高生がそんな支援をしてもらうことを受け入れるだろうか」と思うかもしれません。

そうですね。難しいかもしれません。しかし、上記に書いたように学ぶべきなのです。それをやっている『学び合い』のクラスは全国に数多くあります。やらせてみましょう。そして、できることを広げてみましょう。それは支援を受ける子どもにとっても、支援をする子どもにとっても、とても大事なことなのです。

どこまでできるか？　やってみなければ、それはわかりません。安全確認の一点一点を教師や支援員が確実に押さえて、子どもに任せてみましょう。少なくとも、『「特別支援教育支援員」を活用するために』に書かれていることができる子ども集団をつくれる教師のほうが、最後まで教師や支援員がやりつづけるクラスの教師より、我々が目指すべき教師の姿に近いと思います。

『学び合い』の実践報告④

Sさんを助けた6年生の仲間たち

埼玉県公立小学校教諭
杵淵 眞

6年生という難しさ

『学び合い』は何年生でもできます。単元や教科も選びません。

それでも、低学年では低学年ならでは、高学年では高学年ならではの難しさがあります。

しかし、『学び合い』が難しいとされている6年生から、私は『学び合い』のすばらしさを教えてもらいました。

友達の固定化を超えて

「クラスのみんなができることが大切だよ」

と目標を設定しても、6年生になるとそれまでの友達関係もあり、なかなかに難しい面があります。

一度クラスで調べてみればわかりますが、一緒に教室にいるけど話をしたことがない"クラスメイト"が結構いるものです。

私のクラスの場合、理科の実験を完全な自由班で進めていました。私の『学び合い』は「単元丸ごと」ですので、実験の進度もバラバラです。子どもたちは、近くの班と話をしたり、班の中で相談したりしながら実験をしていました。

私は

「自分たちの班ができるだけでなく、クラスのみんなができることが大切である」

と目標を繰り返し伝えていました。

そんな中で、女子二人の班がありました。ＳさんとＨさんでした。私も近くに行って助言したり、実験を手伝ったりしていました。それでも、二人の実験は遅々として進みませんでした。

そんな状態を見ていたのでしょうか。クラスの中心的な女子のグループが来て、

「先生、昼休みに理科室を使ってもいいですか？」

と聞いてきました。ＳさんとＨさんのグループが気になっていて、あの二人に教えたいから予習と準備をするというのです。

もちろん、私は

「どうぞ。お願いします」

と答えました。

「私たち、予習してきたので」

というくらいの気合いでした。

実際の授業になると、その女子たちは、ＳさんとＨさんの近くに行って、実験を進めていました。

私は、うれしくなって、その女子のグループをほめました。自分のためではなく、友達のために学習しようとする女子たちの志に打たれました。

●卒業式で

この女子のグループは、卒業式に向けた練習が始まった時、学校を休みがちだったＦさんにも関わり続けました。当然、保護者からの働きかけもあったでしょう。

放課後、一人で登校したＦさんと一緒に、卒業式の練習をしてくれました。教師である私が言うより、子どもたちが

「こうするんだよ」

と教えてくれる姿に私は感動しました。

COLUMN ４
今より必ず「まし」になる

　『学び合い』を実践すれば、いろいろなものが見えてきます。たとえば、仲のよいクラスだと思っていたのに、１人ポツンとしている子どもがいることもよくあります。しかし、ひとりぼっちになったのは『学び合い』が生み出したものではありません。元々ひとりぼっちだったのが見えやすくなっただけのことです。

　あなたがつきっきりで指導している時は勉強していた子どもが、『学び合い』では答えを丸写ししていることもあるでしょう。しかし、その子はあなたが指導している時はうなずいていただけで、あなたが答えを教えるとそれをノートに写していただけなのです。

　実はそこにうすうす気づいていたはずです。私は学校に参観に行くと、長い休み時間に図書館と職員室前の廊下に行きます。そこに行けば、教室に居場所のない子がどれほどいるかがよくわかるからです。

　『学び合い』をすれば見たくないものも見なければなりません。それは辛いものです。しかし、その辛さを子どもたちは味わっているのです。『学び合い』をやめれば見なくてもすみます。しかし、それによって楽になるのは教師だけです。その子の辛さは続きます。次の年も、その次の年も。

　だから踏ん張ってください。教師の目の前でクラスの問題を見て、それを子どもたちに語ることによってクラスはよくなります。『学び合い』は魔法ではありません。しかし、かなり「まし」になることはお約束できます。

（西川　純）

第5章

特別支援学級での『学び合い』

西川 純・間波愛子

本章では主に障害の重い子どもの『学び合い』の可能性と留意点を中心に書きたいと思います。

特別支援の子が複数いる場面では、他者を意識させる指導を行い、支え合いができるようにしていくと思います。

これはすでに多くの特別支援の担任が実践していることですが、『学び合い』を意識することによって、より明確な指導をすることができます。

特別支援学級だけの『学び合い』

1 「みんなってどういうこと？」

　私は、これまで何度か支援学級を担任しましたが、その中で印象的な学級がありました。そのクラスでは、約２年間『学び合い』をしました。一緒にやっていたのは、三人の子どもたちで、Ａちゃん（女の子３年）、Ｂくん（男の子１年）、Ｃくん（男の子１年）です。

　Ａちゃんは支援学級に在籍し、学習は支援学級をメインにしていました。極小未熟児さんで生まれた末っ子でしたので、ご両親にとても慈しまれて育ち、身体の障害もまったく気にしない明るい女の子です。Ｂくんは、おしゃべりが大好きでみんなを笑わせる天才で、座っているのが苦手です。Ｃくんは、誰にでも優しい男の子で、通常学級在籍です。でも、朝の登校後に予定通りでないことがあるとすぐに固まり、給食まで動かなくなります。担任の説得も友だちのお誘いもダメで、入学後に支援学級で様子を見ることになったのです。

　この三人と朝の日課として、運動場を回って、ブランコやいろんな遊具で遊ぶサーキットをやることにしました。三人には、「三人みんなが参加して、みんなでサーキットをするのを目標に『学び合い』ということをするからね」と最初に言いました。

　すると、三人とも「みんな」という意味がわからないのです。「みんなが参加するって、どういうこと？」と聞かれました。この子たちは生まれてからずっと、誰かのお世話を受けるのが当たり前で、基本

的に自分のことで精いっぱい。「みんな」の概念がなかったのです。
　だから、朝、Ｃくんが固まったままでも、Ａちゃん、Ｂくんは「先生、もう行く準備できた」と出て行こうとします。それを、「ほらほら、みんなって言ったでしょ。固まって動かない人がいるでしょ」と私に言われて初めて、「ああ、ほんとだ」と気づくのです。そこから、「Ｃくん動いて」「行くよ」みたいな声がけが始まります。それでもＣくんが動かないので、私がＣくんをおんぶしてみんなでぞろぞろ出発します。

❷ 「みんな」の意味がわかる！

　ＡちゃんとＢくんは、こういうやりとりを毎日繰り返すうちに、「ああ、このサーキットっていうのは、三人でそろってやることなんだ」と１ヵ月ぐらい経ってようやくわかってきました。
　それで、Ｃくんの登校が遅れると、ＡちゃんＢくんが「あ、Ｃくんまだだ」「もうちょっと待ってようか」と言うようになってきました。
　「みんな」の意味がわかってきたのです。
　実は支援学級の子どもたちが、「みんな」を意識できるということはすごいことなのです。自分の生活の自立を目指すだけで精いっぱいの子どもが、ほかの子どものことを、常に自然に気にかけるようになるのですから、信じられないぐらいすごいのです。
　半年経ったある日、午後の授業でチャイムが鳴っても三人とも戻ってこないので廊下に出てみると、泣いている男の子のそばにみんなで座っていました。男の子と同じ高さの目線で、「何があったの？」「大丈夫？」と声をかけています。全員でその子に声をかけ、助けようとしているのでした。三人が困っている子に関わりを持とうとする様子から、他者を意識し行動しようとする気持ちが芽生えたことがわかります。人との関わり方を日常的に学ぶ『学び合い』の効果だと思います。
　　　　　　　　　　　　　　　　　　　　　　　　（間波愛子）

支援学級の中で関係ができてきた！

 ADHD傾向のDくんが加わって

　この三人で1ヵ月ほど過ごしたところで、5月に転校してきた2年生のDくんが支援学級に加わりました。Dくんは、通常学級に在籍の子ですが、ADHDで、刺激に弱くこだわりがある子でした。
　Dくんは、学校に登校するとダーッと駆け上がり、教室に入るとランドセルをぶん投げて、叫びながら自分の席に座ったり、教室を出て学校中好きなところに行ったりしてしまう子でした。めだかやフナを飼っている校長先生の水槽に棚にあった置物を全部入れてみたり、友だちに急に水筒や本を投げたり、はさみをもち歩いたりと危ない状態でした。支援員が1日中ついていたのですが、その先生にも殴りかかったり蹴ったり噛みついたり、暴言も吐きまくりで、いろんなことをする子でした。男の支援の先生でしたが、困り切っていました。
　1ヵ月見ていて、あまりにひどいのと、授業にまったく参加しない状態だったので、支援学級で少し時間をとることになりました。
　Dくんは「なんでひまわり（学級）なんかに行かなくちゃいけないんだ、くそー」と支援学級に偏見があったのですが、なんとか授業のようなものをさせたいと、「朝のサーキットに誘おう」と三人に話をしたのです。
　すると、Aちゃんは「多いほうが楽しいし、いいよー」と賛成だったのですが、Bくんは「こわい！」と言うのです。たしかに、Dくん

はAちゃんに跳び蹴りしたり、Bくんを威嚇したりしてくるのです。でも、なぜかCくんには何もしませんでした。

❷ 四人で遊びながら過ごせるようになった！

　Aちゃんは私から言われた『学び合い』をちゃんとやろうと、毎日Dくんに「一緒に外でサーキットやろう」と声がけしに行きました。校内でいつも行方不明のDくんを捜して誘います。するとDくんは跳び蹴りをして罵倒してくるのです。でも、Aちゃんは1ヵ月『学び合い』を経験して、本当に大事だと思ったらしく、絶対あきらめません。

　それで、1週間に一度ぐらいはDくんも「しょうがねえ、行ってやるか」みたいについてくるわけです。「よかった。みんなそろったね」と行って、四人を連れて運動場に行くと、Dくんは勝手に好きなところに飛んで行きます。まあ、参加していることに意義があると、かなりゆるく見守っていました。

　Aちゃんは、学校ではすごくがんばっていましたが、家ではお母さんに「Dくんは嫌だ！」と不満をぶつけていたそうです。Aちゃんのお母さんはすごい人で、「社会に出て、このぐらいでへこたれていたら、困るのはあなたなのよ」と話して諭し、Aちゃんも「負けちゃいけないんだ」と気持ちを切り替えていったそうです。

　続けているうちに、BくんやCくんもDくんを誘うようになりました。とくにCくんは誘い方が上手で、3ヵ月も経つと、CくんがDくんに「ねえ、お昼休み遊ばない？」と誘って、一緒に遊ぶようになり、1年後にはほかの二人には暴言や跳び蹴りをしなくなりました。

　この四人がそんなふうに関わり合えるようになるなんて、職員室の先生たちは、みんな「うそーっ！」という感じでした。「町でDくんに会うと、Aに声をかけてくれるんです」とAちゃんのお母さんから聞き、驚きました。毎日、誘ってくれたAちゃんの存在が、心の中にしっかりと根づいていたのでしょう。

（間波愛子）

通常学級との合同『学び合い』をやってみた!

1 2年生の学級と特別支援学級が一緒に『学び合い』

　Aちゃんが5年生、BくんとCくんが2年生になった時、2年生の通常学級で荒れている子が何人か出てしまいました。そこで、担任の先生に「『学び合い』をしたら、子どもたちの関係づくりがうまくいきますよ。算数でやってみませんか」と話をしました。すると、「いいですね」ということになり、「支援学級の子も一緒に入れさせてもらっていいですか？」と聞いたところ、「ぜひお願いします」と言われ、算数の時間に一緒に『学び合い』をすることになりました。

　Aちゃんが数量と数詞のマッチングまで、Bくん、Cくんは5までの数の概念がわかる程度の算数の学力なので、2年生の学習課題はほぼわかりません。そのため三人には、通常学級の子たちとは別の課題を出して、でも一緒に関わり合いながら『学び合い』をしました。

2 『学び合い』を一緒にしたクラスに居場所ができた!

　すると、後日5年生のAちゃんが休んだ時、2年生の通常学級の子が「Aちゃんがいないですね？」と言いにきたのです。「え？」と聞くと「だってAちゃん、廊下通らないから」と言われたのです。

　その時、ああ、Aちゃんは、この2年生のクラスに居場所ができた

のだなあと、とてもとても感慨深く思いました。

　Ａちゃんは、毎日通常学級との交流のため、５年生の朝の会と帰りの会に参加します。下校時には帰りの会に参加するために「先生、さようなら」と支援学級を出ていくのです。でも、しばらくすると「みんな帰ってました」と戻ってくることがたびたびありました。

　交流学級の教室に戻った時に、自分がいないのに帰りの会が終わってしまって誰もいないというのは、どれだけ寂しいでしょう。交流学級は悪気はまったくなく、いないことに気がつかないだけなのです。

　それなのに、たった数時間『学び合い』を一緒にやっただけの２年生の子たちは、「Ａちゃんお休みしてるんじゃないの？　病気なの？」と聞きに来るのです。Ａちゃんのお母さんから聞いたのですが、町でもこの２年生の子たちが声をかけてくれるそうです。この２年生の子たちは、旅行に行くと「いつも優しくしてくれるから」と、支援学級の子たちの分までお菓子を買ってきてくれます。

　『学び合い』をしていくうちに、Ａちゃんも、Ｂくんも、Ｃくんも、居場所感を望むようになっていきました。三人が「今度、いつ、２年生で、学び合い、算数あんの？」「今日、あるの？」と聞くのです。「今日はないよ」というと、「今日、ないんだ」とがっかりした顔をします。「あるよ」と言うと「何時間目にあるの？」と聞くので、「４時間目だよ」と答えると「ふーん」と言いながら、その時間をうれしそうに待っています。そして、その時間になると２年生の教室に自分で机をガタガタ運んでいって、ちゃんと三人が姿勢よく座って待っているのです。

　そして、『学び合い』が始まると三人ともどこに座ればいいか迷うぐらい、いろんな子から声をかけてもらい手招きされています。

　三人が『学び合い』で２年生の児童と対等だと思える場面があります。「がんばって、全員達成しようね」と言い合っているのです。学習を通して仲間としてのつながりが見えるのです。そして、一方で、２年生の普通学級自体も、Ａちゃん、Ｂくん、Ｃくんとの『学び合い』授業を通して、どんどん落ち着いていきました。　　　（間波愛子）

特別支援学級の子どもを育てていくために

 加減を考えるのは教師の仕事です

　特別支援学級の子どもたちはやがて社会に出ます。社会の多くの人は健常児が大人になった人たちです。交流学級での『学び合い』ではその中で生きる術を学ぶのです。ですから、交流学級での『学び合い』は絶対に必要なのです。

　しかし、障害の重い子どもがほかの児童と一緒に勉強するのは、情緒的にも知的にもかなりの負担がかかります。ほかの児童は教師と違って、自分のペースで進めるからです。そのため、障害の重い子どもによってはヘトヘトになってしまいます。遠足の後に熱を出す子がいますが、そのような状態になる子もいるでしょう。したがって、どれだけ交流学級で『学び合い』をするかは、教師が判断しなければなりません。彼らの将来を考えて、できるだけ関わる時間の可能性を広げてください。

 異学年の関わり合いで解決できることも

　塾・予備校・通信教材が発達し、保護者が高学歴化している日本においては、30人クラスだったら6、7人は必ず授業内容を学習済みの（もしくは教えなくても教科書を読めばわかる）子がいます。したが

って交流学級との『学び合い』の場合、教師が教えなくても教師の代わりに教えられる子どもがいるのです。しかし、特別支援学級だけで『学び合い』をすると、教えられる子どもが極端に少なくなる、あるいは、誰もいないということが起こってしまいます。

　しかし、後述する**異学年『学び合い』の場合は、そこには上級生がいるので、それを乗り越えることが可能です。すべての学年に事前に予告しておけば、心優しい上級生が下級生の課題を予習してくることもあります。**また、それに応えてがんばる下級生が生まれます。教師はそれを見取ってほめてあげてください。

❸ 教師が子どもに教えるときのポイント

　以上のような配慮をすれば、概ね問題は解決できます。しかし、『学び合い』が十分に成立していない状況では、みんなわからないという状況が起こる場合もあります。また、『学び合い』が成立していても、課題が不適切な場合も、みんなわからないという状況が起こる可能性があります。その場合は、『学び合い』といえども、教師が「教えなければならない」状況になります。しかし、その教え方があります。

　教師は教えたくて教えたくて教師になった人です（私もその一人です）。したがって、教えられる場面が現れるとうれしくなってしまいます。そして、とめどなく教えてしまいます。それではダメです。

　おそらく、教師は相対的に能力の低い子を教え始める傾向があります。あなたが相対的に能力の低い子を教え始めれば、『学び合い』がある程度定着した集団だったら、あなたが教えている脇に相対的に能力のある子が近づいて来て、あなたが何を教えているのかをのぞきに来るはずです。そうなったら、相対的に能力の高い子に話しかけ、その子と一緒に教えます。そうできるように、相対的に能力の高い子に教えるのです。相対的に能力の高い子が教え始めたら、そっと身を引

いて、二人の会話を聞いてください。そして、間違った方向に行ってしまったら、「う～ん？」と声をかけてください。

さて、もし、そのような子が近づいてこなかったらどうしたらいいでしょうか？　その場合は、授業の最後に「今日は残念なことがありました。というのは○○さんが困っているようだったので、先生が「最後」まで教えました。先生が○○さんを教えていたことにみんな気づいていたはずです。では、なぜ、本日のようなことが起こったのでしょうか？」と語ってください。

❹ 支援員との連携は大事にしよう

支援員は、パートタイムであることが多く、教師よりも遅く出勤して早く退勤します。だから、打ち合わせをとるタイミングが限られ、たいていは活動の直前に、「○○するので、一緒について行って様子を見てください」とか「その場に合わせて動いてください」と話す程度になりがちだと思います。また、通常学級に子どもたちが出かける際には、担任の代わりについて行くことがあります。通常学級と特別支援学級間で共通理解が得られていると、支援員が働きやすい（子どもたちを見守りやすい）という傾向があります。また、「どうしても子どもが落ち着かない場合は、特別支援学級に連れて戻ってきてください」とつけ加えておくと、あわてずに対応してくれます。

支援員も個別の役割がないと「私の仕事がない」と思ってしまう傾向にあると思います。そういう時は、子どもたちの様子を観察して気づいたことをメモしてもらうとか、別の授業の準備をしてもらうことなどをお願いしてください。しかし、一番大事なのは担任がしっかりと『学び合い』に取り組もうとする姿勢です。そこがしっかりしていれば、支援員も最後はわかってくれます。

以前、ある学校に私たちの研究室が支援に入りました。その学級には知的な障害のある子がいました。また、幼稚園に入った経験がなく

集団活動が苦手で、教室には入れない子どももいました。そのクラスにはベテランの支援員の方がいて、その二人を担当していました。

　初め、その人たちは我々に懐疑の目を向けていました（当然ですよね）。そして、「この子たちには『学び合い』は無理で、私がいなければダメなのです」と私に何度も言ってきて、なかなかその子たちの近くから離れませんでした。しかし、4週間もたてばその子たちは学級集団の中に溶け込みます。すると、支援員の方も、私と一緒にニコニコと子どもたちの成長を話し合えるようになりました。

　次の次の年に別の学校に支援に入りました。その学校にその時の支援員の方がおられました。『学び合い』に疑問を持つその学校の先生方に、その方が一生懸命に説明してくださったので、非常にやりやすかったです。

❺ 根比べになっても踏ん張ろう

　子どもたちは、誰に甘えればよいのかわかっているので、「教師や支援員」にしつこく助けを求めてくることがあります。子どもたちとの根比べです。この時、一緒にやる教師や支援員が一緒になってその根比べに参加していただけるか否かが、特別支援の子の『学び合い』の成否に関わります。

　あなたに訴えかける目をしても踏ん張ってください。『学び合い』では黙らなければならないと思い込む方がおられます。それは違います。ただし、自分で教えるのをできるだけ控えてください。その代わりに、本書で紹介したように、子ども同士がつながっていけるように声がけをしてください。また、間違っていた時は黙っているのではなく、「う〜ん○○さんのは違うな〜。わかっている子は何ができるかな？」と全体に聞こえるようにつぶやいてください。　　　　（西川　純）

合同『学び合い』の可能性

 多様で多数のほうがうまくいく！

　従来の一斉指導では、一人の教師が数十人の子どもに一律に語り、一律に板書します。そのためクラスは均質で少数であることが望ましいのです。現在の能力別少人数指導はこれに対応するものです。

　一方、『学び合い』は自立的な集団をつくります。そのためには一斉指導とは真逆に、多様で多数であることが望ましいのです。これは学校の職員集団を思い起こせばわかりやすいと思います。ベテランだけ、中堅だけの学校を思い起こしてください。経験豊富な先生方だけの学校ならよい学校になりそうですが、おそらく内部でのいざこざが絶えない学校になるでしょう。小学校において、特定の教科に強い先生だけで学校を作っても同じようなことが起こるでしょう。

　子どもたちは多様で多数です。一斉指導ではそれを否定しようとしますが、『学び合い』はそれを生かそうとしているのです。だから、今までの章では交流学級での『学び合い』を中心に書いてきました。

　では特別支援学級だけでは『学び合い』はできないのでしょうか？１クラスが一人のクラスでは『学び合い』はできません。それが数人になれば『学び合い』は可能ですが、それが有効に働くのはかなり困難だと思います。しかし、方法があります。それは知的障害と情緒障害を合同し、全学年が一緒の集団をつくることです。

　課題は各人各様別々で結構です。今までどおりでよいのです。ただ

し、3つのことが違います。**第一は、全員を同じ部屋に入れ、交流を許すことです。第二は、教師が手だしするのは最小限とします。第三は、「一人も見捨てない」ことを求めてください。**それだけで十分です。心優しい子どもたちはあっという間に学び合います。

❷ 変わる子どもがどんどん出てくる

　異学年の『学び合い』をすれば、おそらくもっともビックリされるのは交流学級では見られない姿がたくさん見られることです。

　交流学級では教えてもらうことが多い知的障害の子が、年少の子に教える姿を見ることができます。自分の経験から、実に丁寧にゆっくりと教えるのです。興味深いのは、教師が思いつかないような教え方をする子がいることです。教師には何をやっているのか最後までわからない場合もあります。しかし、なぜだかわからないのですが、教えられている子にはわかるということが少なくないのです。特別支援の子には、特別支援の子ども同士でわかるものがあるのだと思います。

　もっともビックリされるのは、暴言・暴力の激しい子どもの素直で優しい姿です。先に述べたように、暴言・暴力はその子の障害ではありません。周りがその子をどのように見ているかによって変わります。同学年の子どもはその子に対して、「嫌なことを言われた」「ぶたれた」という負の記憶を蓄積しています。しかし、他学年はそのようなことがないので、その子を偏見の目で見ません。

　教師には甘えて暴言を吐いたとしても、年長の子どもにはそのようなことができないので、素直に従うことができます。田舎の学校などで、同じ集落の2歳年上の子には絶対服従という例を何度も見たことがありますが、それと同じです。一方、年少の子にはとても優しい面を見せてくれます。それをいっぱいほめてください。教師がほめることによって、周りの子どもの目が変わってきます。なにより教師自身の目が変わってきます。

（西川　純）

❸ ある学校で起こったうれしい出来事

　『学び合い』で学校づくりをしている学校では、授業公開の際、授業直後に参観者と子どもがフリートークする（子どもと参観者が自由に話し合う）時間を設けています。授業のことを聞くなら、担任や指導した指導主事より子どもたちからのほうが、生の情報が得られるからです。それを特別支援の異学年集団でやったのです。

　参観した先生方は腰を抜かします。なぜなら特別支援の子どもたちが、他校の教師と対等の立場で、『学び合い』について質問を受け、それに答えているのですから。

　そんな学校の１つの、ある先生からいただいたメールです。

　　　フリートークで、僕が担当している子には事前に『学び合い』のよさなどを考えて紙に書くことはさせなかったのです。だって、フリートークですから。作文朗読発表会にはしたくなかった。あの子は人前ではなかなか自分のことを言えないのですが、僕は何も準備させませんでした。

　　　数分間、沈黙が続きます。

　　　特別支援のほかの先生方が、「Ｚくん、どうしたの？」などと声がけをしていましたが、僕は彼や子どもを信じていましたから、手を貸しませんでした。すると、奥に座っていた４年生の女の子が、「Ｚくんが言えないなら、私たちが名前を言ってあげて、その後にＺくんに言ってもらえばいいんじゃない？」と言い出したんです。みんなは「それがいいね。じゃあいくよ。さんはい…」

　　　「ぼくのなまえはＺです」と、みんなとＺくんは一緒に名前をいうことができました。

　　　フリートークが、既に『学び合い』だったんです。Ｚ君が困っ

ているのはみんな知っている。Ｚくんの先生は助けない。だったら、わたしたちでＺくんを助けてあげよう！　と。

❹ 能力を引き出しましょう

　子育てをするといろいろなことがわかります。幼稚園の頃は子どもの成長が著しい時期です。毎日毎日接しているとわかりづらいのですが、節目節目に幼稚園で参観し、他学年と比較すると「ああ、そうだったよな～」と思い出し、自分の子どもの成長を感じます。とくに卒園式の時の年長児のしっかりした姿は印象的です。
　小学校１年生は、そのしっかりした年長児が１年間著しく成長した子どもなのですから、ものすごくしっかりした子どもであるはずです。しかし、小学校における１年生は「赤ちゃん」です。教師が何から何までやらねばなりません。集中力が短く、教師が声をかけねばなりません。忘れ物が多く、教師が忘れたものを渡します。授業中には動物園のサルのようになっている子どももいます。
　なぜでしょう？　実は教師が「赤ちゃん」にしているのです。これは特別支援の子も同じではないでしょうか？　集団にはものすごい力があります。たとえば、親が何をしてもオムツがとれない子も、お泊まり教室があればオムツがとれるものです。
　子どもたちはやがて社会に巣立ちます。大人にしなければなりません。そのための勉強はいつやるべきでしょうか？　それは、今からです。そして、ずっとしなければなりません。彼らを信じ、彼らに任せるようにしてみましょう。
　　　　　　　　　　　　　　　　　　　　　　　　　　（西川　純）

 # 制度上の注意

1 使える時間、使えない時間

　特別支援学級には日常生活の指導、生活単元学習、自立活動、遊びの指導など、通常学級にはない時間割があります。いろいろな障害を持つ子ども同士で合同『学び合い』をしようとする場合、生活単元学習の時間でやろうとすると思います。しかし、知的障害を伴わない子どもの場合は、領域・教科を合わせた指導（日常生活の指導、遊びの指導、生活単元学習、作業学習）は実施できません（「特別支援学級ガイドライン」新潟県教育委員会義務教育課、平成24年12月、参照）。知的な障害を持たない子どもたちの場合は自立活動や内容によっては教科の時間を活用してください。

2 加配に関して

　特別支援に関わる加配は忙しい学校にはとてもありがたい制度です。しかし、それが無制限に流用されないよう、教育委員会もチェックします。『学び合い』は一見何もしていないように見えるので、指導を受ける可能性があります。その場合は、先に述べた安全確保の役割を強調して説明してください。
　特別支援教育を必要とする子どもたちの中には、運動制限（心臓疾

患、脳性麻痺など）や非常時（地震発生時など）にパニックを起こす子どもなどがいます。そのような場合、子ども同士では解決できません。やはり大人が不測の事態に対応できるようにすべきです。また、通常学級での『学び合い』の際、特別支援学級の子どもたちよりも通常学級に在籍している子どもの中に、程度の差こそあれ、上記のような子どもがいる場合があります。子どもが自由に動き回る『学び合い』では、そのような時に子どもの安全を確保できるよう人員が必要だ、という説明がわかりやすくて伝わりやすいと思います。

❸ 一人ひとりの評価は本当にできるのか？

　また、特別支援学級は個人の実態に応じて、特別支援学校の教育課程の一部を取り入れています。障害の重い子どもの場合、一人に一人の教諭がつくこともあります。そのため生活単元学習、自立活動、遊びの指導などの特別支援学級特有の授業の場合、個別に指導することが求められます。そのため説明なしで合同『学び合い』を見せた場合、「一人ひとりの評価は本当にできるのか？」と聞かれるかもしれません。

　『学び合い』を実践すれば、「一人ひとりの評価」を本当にするとはどういうことかがわかります。昔から岡目八目と言いますが、つきっきりの状態では、その子どもの姿を見る余裕が持てません。それに、つきっきりの時のその子は、教師がそばにいる時の姿をだしているので、その子の地の姿は見えないのです。

　子どもたち同士で関われば、いろいろな問題も出るでしょう。しかし、そのことによって、その子の現状がよく見えます。その姿を丹念に記録し、それを次の指導に生かしてください。その記録を「一人ひとりの評価は本当にできるのか？」と疑問を持つ方に見せることをお勧めします。

（西川　純）

職員室の中での ふるまい方

1 反発する人には勧めないことが大事

　『学び合い』が一番大事にしている「一人も見捨てない」という願いは、特別支援教育に携わる教師の根幹だと思います。『学び合い』はその願いを純化し徹底した教育です。その結果として、今までの特別支援教育のような「個」ではなく「集団」に目を向けています。そのあたりが特別支援教育を大事にしていた教師にとって抵抗感があるところだと思います。

　また、通常学級の担任の本音は、「通常学級と特別支援学級の子どもたちが一緒に学ぶ成果がないわけではないけど、個別指導の時間を割いてまで行う必要があるのか」というものです。子どもを思っての本音です。

　ここまでお読みいただいたみなさんは、『学び合い』が特別支援の子どもにとっても通常学級の子どもにとっても、多くを学ばせられることはおわかりいただけたと思います。しかし、大多数の教師はそうではありません。

　我々の大多数は周りと同じことを正しいと考え、そのように行動します。その特徴があるから安定した社会が成り立っています。現状では、まだ『学び合い』に疑問を持つ方のほうが普通であり、そのような方こそ日本の教育の不易なところを守っている方です。それをまず理解してください。そのような方々が多くを占める職員集団の中で

『学び合い』をしようと言えば、反発を受けるのが当然です。もし、一律で『学び合い』の授業をすることを決めたとしても、納得していない教師の心を子どもは見透かします。したがって、納得していない教師が『学び合い』をやっても、絶対に『学び合い』は成り立ちません。『学び合い』はテクニックではなく、教師の心で行う授業だからです。結果としてうまくいきません。そして、「ほら、『学び合い』はうまくいかないじゃない」と言われると思います。**だから『学び合い』を前面に出して話すことは勧めません**。その代わりに「一人も見捨てない教育の実現」や校訓や学習指導要領の言葉を使って話してください。それだったら反対する教師は少ないと思います。そして、『学び合い』はそれを実現するエクササイズだと説明してください。実践してみれば、『学び合い』が単なるエクササイズではないことがわかります。

❷ まずはあと二人、仲間をつくろう

　「三人の法則」というものがあります。一人、二人では集団の中で潰されますが、三人以上が同じことを求めた時、それは無視しがたい１つの意見となります。だから、まずはあと二人を見つけてください。その人たちが職員室で楽しそうに子どもの成長を語れば、それに興味を持つ人は必ず出てきます。その人たちと一緒に、次ページに紹介する合同『学び合い』を週に１回程度やりましょう。その蓄積に基づいて、より多くの人に広げます。

　『学び合い』に強硬にアレルギー反応を示す教師は職員の２割はいます。しかし、ご安心ください。『学び合い』に共感してくれる教師も２割います。前者の２割の方を刺激せず、後者の２割の方に伝えてください。そうすれば残りの６割の先生方もわかってくれます。

（西川　純）

保護者にも伝えたい子どもの素敵な関わり

1 教育相談

　『学び合い』を続ける上で、私にとって保護者は大きな味方です。
　保護者を味方につけるには、子どものよいところを話しましょう。よいところを見つけようと思ったら、たくさん見つかるのです。
　支援学級の子の保護者は、悪いことばかり指摘されてきた経験が長いため、よいところを見つけようという気になるまで時間がかかります。しかし、いったん、気持ちがその方向に向くと、あとは自然な流れで会話が進みます。とくに『学び合い』では、子ども同士の素敵な場面が多く見られるので、保護者にもよいところを伝えやすくなります。通常学級の担任も学級の様子が話しやすいそうです。
　保護者と学校が仲良くすることは、子どもにとっては、夫婦が仲良くしているようなものでしょう。あるやんちゃ君も、お父さんの面談の日は、1日に何度も時間の確認をしてうれしそうです。私とお父さんの面談がうまくいくようになって、徐々に落ち着いた気持ちで学校生活を過ごす時間が長くなり、素直な表情が現われてきています。
　ほっと心和むような話が聞ける面談であれば、保護者の気持ちも随分軽くなるものです。教師は子どもの味方でありよき理解者である、という気持ちを持っていただけます。支援学級の子や支援の必要な子ほど、保護者とよいところを話し合うことがとても大事なのです。

❷ 保護者の願いと支援児童の願い

　以前は失敗もありました。学校に面談を申し込まれた保護者でしたが、穏やかに話されており、てっきり厳しい状況も受け入れてくださったのだと理解していたところ、その方が面談時の内容を他校で学校批判として話していたことがわかり、落胆した覚えがあります。
　こちらが、配慮に配慮を重ねて保護者と歩みをともにしようと考えていても、手痛いしっぺ返しを受けることがたびたびあります。そんな信じられないような保護者だとしても、面談を通して話す内容はやはり子どもの幸せです。私たち教師は、すべての保護者の願いがそうであると信じることが大切です。

　では、子どもの幸せとは、一体何なのでしょう。支援学級の子どもたちの願いは、「みんなと一緒にいたい」ということなのです。Aちゃんが、5年生の親学級で参加できる授業の時のことです。『学び合い』の授業ではないので、2年生の『学び合い』の時間にその課題をやったらいいよ、という私の言葉を遮って、どうしても親学級でしたいと言って聞きませんでした。
　「『学び合い』ではないから誰も助けられないと思うけど、大丈夫なの？」と尋ねると、うなずきながら5年生の親学級に行きました。
　戻ってきた時に彼女は、にっこりして言いました。
　「○○ちゃんに聞いたよ」と。
　『学び合い』ではない不安もあったでしょうが、それよりも同級生のみんなの元に行きたいというAちゃんの願いをひしひしと感じました。それまでの『学び合い』の中で育んだ力（わからないことをわからないと言える力）を生かして、「みんなと一緒にいたい」という願いを叶えたのだと確信しました。支援学級の子どもたちの幸せとは何かが腑に落ちた瞬間でした。

　　　　　　　　　　　　　　　　　　　　　　　　　（間波愛子）

『学び合い』の実践報告⑤

特別支援学級合同『学び合い』における人間関係の変容

栃木県大田原市立小学校教諭
吉村俊介

● 私が『学び合い』に出会ったとき

　2011年、授業改善の取り組みとして、特別支援学級同士の合同『学び合い』を実践することになりました。実践に先駆けて、『学び合い』先進校の全校『学び合い』を参観しました。特別支援を必要とする子どもを含めた2〜6学年の子どもたち数百人が、ごちゃごちゃと関わり合いながら『学び合い』をしていました。私たちは「異年齢集団で関わり合うメリット」という点に着目し、全校『学び合い』をモデルにした特別支援学級合同『学び合い』にチャレンジしました。

● 『学び合い』を始めてからの子どもたちの変化

　『学び合い』を始めるにあたって、最初は、学校の教育目標と関連づけながら「一人も見捨てない（みんなが○○できる）」ことの大切さを語りました。教師と一対一関係で学習することの多かった子どもたちは、教師の話に「はい」と答えながら、困ったような顔をしていました。授業中に出歩いたり、友だちに助けを求めたりしてもよいということが、信じられない様子でした。そして、教師に促されてもどのように関わったらよいかわからず、助けを呼べなかったり、友だちの近くに寄ってもすぐに自分の席に戻ってしまったりする姿が見られました。そのため、私たちは日常生活、生活単元学習、自立活動などの時間に、①『学び合い』のめあて（学校の教育目標）を子どもたち

が言えるようにすること、②『学び合い』を可視化すること、③『学び合い』中、教師が子どもと子どもをつなぐことの３つに、繰り返し取り組むことにしました。

　このような取り組みを続けていくと、子どもたちは教師たちが真剣に『学び合い』に取り組んでいることに気づきます。だんだん「子どもたちが変わってきたな」と感じられるようになっていきました。

　とくに大きな変容が見られたのは、自分より弱い立場のクラスメイトを見下したり、比較して優越感を感じたりしていた子どもです。教師にほめられたくて、自分から積極的に関わり親切にし始めました。「ありがとう」の言葉をかけられると喜びを感じているようでした。

　「先生にほめられる」から「友だちに感謝される」ことに、子どもたちは心地よさを感じ始めていたのだと思います。このような状態になってくると、授業以外の場面でも子どもたちは関わりをもち始めます。今まで同じ学級の友だちとしか遊んでいなかった子どもが、隣の特別支援学級の子どもと遊ぶようになりました。また、教師の話を素直に聞けなかった子どもが、ほかの子どもと関わることで、結果的に、私たち教師の望んでいた行動を見せてくれるようになりました。実践前よりも教師による個別指導が減り、子ども同士の関わりが増え、人間関係が好ましい状態になったことが『学び合い』の成果だと私は感じています。

『学び合い』を通しての自分の変化と読者へのメッセージ

　私は、「特別支援＝個別指導・支援」と思い込んでいました。しかし、子どもたちが『学び合い』ながら、好ましい人間関係を築きあげていく姿を見て、「この子どもたちはこんなにもすばらしいんだ！」と、集団としての成長に感動しました。『学び合い』は、教師の個別指導・支援では得られない成長の機会を与えてくれると思います。

COLUMN 5

夢

　私には理想社会をつくるという夢があります。

　日本人は全員、小中学校に行きます。そして、ほとんどの人が高校に行きます。もし、その子たちが「一人も見捨てない」ということを、多感な12年間で学び、経験し続け、大人として社会に出れば、どんな社会が実現できるでしょうか？　何か悩んだ時は、すぐに相談できる仲間が歩いて移動できる範囲にウジャウジャいるのです。ごく一般の人でも生まれた時には何百人もの人から祝福され、死ぬ時にも何百人の人に看取られるようになる。それが特別支援の子も含めて日本人全員が上記を実現した社会です。

　もちろん『学び合い』のクラスにおいても悩みはあり、ルールからの逸脱もあるでしょう。しかし、それらをクラスがみんなで解決できるので、現在よりはるかに効率がいいし、安定しています。『学び合い』が成立した社会も同様です。もちろん『学び合い』の社会においても悩みはあり、犯罪もあるでしょう。しかし、それらを社会がみんなで解決できるので、現在よりはるかに効率がいいし、安定するはずです。

　決して、みんながみんな仲良しというわけではありません。腹の中では嫌いだと思う人がいてもよいのです。でも、その人も含めて、より多くの人と折り合いをつけたほうが得であり、安易に人を切り捨てると自分に損であることを、体で知っている大人が動かしていく社会になります。誰にとっても優しい社会になるはずです。

　ＳＦで求めるような未来の技術は不要です。また、戦争も革命も必要ありません。この理想社会を教師が実現できるのです。

（西川 純）

あとがき

　ここは〇年後の日本です。
　学校には特別支援学級がありません。子どもたちのやっている勉強はさまざまです。6年生の教室をのぞくと、Aさんは高校入試レベルの問題を解いています。一方、Bさんは九九を覚えています。Bさんは自信がついたので、Aさんに「ねえ、7の段の問題出してよ」と言いました。Aさんは「いいよ。じゃあねえ7×3はいくつ？」と問題を出します。Bさんは「21」と元気よく答えます。そうすると近くにいたCさん、Dさんが「正解！」と手を叩きます。
　そんな時、三人ぐらいの1年生が6年生の教室に来て「Bさん、います？」と聞きます。Bさんが「ここにいるよ」と答えると、その三人はBさんのところに集まります。「ねえ、この問題教えて」と聞きます。Bさんは教え始めます。Bさんの教え方は、1年生にわかりやすいと評判です。しばらくして「ありがとう」と言って三人は1年生の教室に戻ります。
　20年経ちました。場所は小学校の理科室です。夜の7時頃です。そこには大人たちがいます。年齢はバラバラです。そこには大きくなったBさんがいます。Bさんと結婚したDさんもいます。20年前には1年生だった人たちもいます。30歳代の人も、40歳代の人も、50歳代の人もいます。89歳の人もいます。みんなタッパー1つのつまみを持って集まっています。持ち込みのビールを飲む人や、1升瓶を抱えて日本酒を振るまっている人がいます。あ、そこには退職した教員や、校長や、さまざまな年代の教員も混じっています。その中には、「あなた」がいるのです。
　みんなでバカ話をしながら笑っています。子どもの話や孫の話で盛り上がります。「そういえば鶏小屋が壊れて困っているんだよ」とある先生が言うと、腕のいい大工になったBさんは「俺が直してやる

よ」と言います。校長が「ありがとうございます。こんなにしてもらえるんだったら、昔、もっと頭をなでてやればよかった。あはははは」とお礼を言います。校長はBさんが4年生の時担任だった先生です。Bさんの子どもはこの小学校で勉強しています。算数は不得意です。でも、Bさんも子どもも気にしていません。だって、仲間がいますから。

　これが我々の未来像だったら素敵ではないですか？　こんな社会を、我々が生きている間に、この目で見てみたいとは思いませんか？
　このような社会を実現するために、魔法も、目を見張るような科学技術もいりません。あなたや、あなたの学校の先生方が、子どもたちに「一人も見捨ててはダメだよ。そういうことをしたら結局、自分に返ってきて「損」だよ。最後までみんなで乗り越えよう」と語り続ければ実現できる未来社会なのです。
　最後までお読みいただきありがとうございます。そして私たちは提案します。あなたができることから、まず、始めましょう。

　　　　　　　　　　　　　　　　　　　上越教育大学教職大学院教授
　　　　　　　　　　　　　　　　　　　西川　純